タレントを
生かすも殺すも
マネージャー次第！

戦略的に人を動かす

人を生かすマネジメント

HORIPRO × ザメディアジョン

人を生かすマネジメント（目次）

第1章 マネジメントの心

第2章 マネジメントの基礎

第3章 ホリプロのスターの育て方

第4章 結果を出すマネジメントの秘訣

第5章 子どもたちの才能を伸ばす

はじめに

私が総合エンターテインメント企業であるホリプロに入社したのは、大学を卒業した1975年です。

ホリプロは、堀威夫（以下、堀ファウンダー）が1960年に堀プロダクションを創業して以来、60年にわたって日本の音楽業界、エンターテインメント業界をけん引してきた名門プロダクションです。これまで、和田アキ子をはじめ、森昌子、山口百恵、石川さゆり、片平なぎさ、榊原郁恵、鶴見辰吾、船越英一郎、井森美幸、山瀬まみ、さらには、鈴木保奈美、深田恭子、藤原竜也、妻夫木聡、松山ケンイチ、綾瀬はるか、石原さとみ、鈴木亮平、高畑充希、竹内涼真といった数々のスターを生み出してきました。

現在は、堀ファウンダーの次男、堀義貴が代表取締役社長を務めており、「文化をプロモートする人間産業」という企業理念のもと、タレントの発掘・育成を強みとするマネージメント事業を中心に、番組やCMを制作する映像事業、ミュージカルなどの演劇をプロデュースする公演事業など、さまざまな事業を複合的に展開する総合エンターテインメント企業として、いまなお成長を続けています。

堀ファウンダーはまた、一般社団法人日本音楽事業者協会（日本の芸能事務所で構成され、音楽事業の向上と近代化を図るために1963年に設立された最大規模の業界団体）の三代目理事長（現在の会長）を務め、著作権・肖像権などの権利の確立、タレントの雇用環境の改善などに尽力しました。現会長は堀義貴で、親子二代で芸能界の健全な発展に寄与しています。

芸能界は生き残る確率より、挫折する確率のほうが多い世界です。でも、挫折した人は才能がなかったかというと、そうではありません。もともと光るものを見出されてデビューしたのですから、それほどの差はありません。また、不真面目で努力しなかったから挫折したのかというと、そうでもありません。みなスターを夢見てこの世界に入り、一生懸命努力していたと思います。

では、何が命運を分けたのかといえば、マネジメントの力によるところが大きいのではないでしょうか。

タレントをマネジメントするとは、自分が担当するタレントをスターに育て、会社組織をより発展させること。さらにその状態を長期にわたって維持するために行動する「価値ある努力」のことです。

まずブランディング戦略（そのタレントが目指すゴール）を考え、その方針に沿って仕事を獲得し、認知度を高め、「視聴者（世間）の心に描かれるイメージ」を確立します（＝イメージの刷り込み）。そして、テレビ局やプロデューサーから「このドラマのこの役なら○○」というように、「指名される」存在を目指します。さらに、そのプロセスにおいて、視聴者（世間）を魅了し続けていくタレントとしてふさわしい人間性を育てていきます。

タレントを成功させるのも、失敗させるのも、マネージャーの腕次第。マネジメントとは、タレントの人生を左右する大仕事なのです。

本書では、人間産業の最たる世界である芸能界で、40年以上にわたって私が何を学び、経験し、実践してきたのかみなさんにお伝えしたいと思います。

昨今のテレビドラマでは、マネージャーがタレントの付き人のように描かれていることも多いのが残念ですが、実際のマネージャーは自分で考え、行動し、タレントを引っ張る力強い存在です。私は、堀ファウンダーからそのことを教わりました。世間が抱いている誤ったイメージを正す意味でも、本書で本来の姿をお伝えし、マネージャーを目指す人が増えるきっかけになればと願っています。

また、芸能界に限らず、人がいるところにはマネジメントの力が必要です。私は主に男優、女優をマネジメントしてきましたが、企業内における上司・部下との良好な関係を維持する、自分が惚れこんだ商品をヒットさせる、パートナーをイメージチェンジさせる、子どもの才能を伸ばすなど、ほかの誰か（何か）に置き換えても通じるところがあるかもしれません。何か一つでもみなさんのヒントになれば、これほど幸せなことはありません。

山田滋敏

第1章 マネジメントの心

営業からマネージャーへ。不本意な異動

私がホリプロに入った1975年といえば、山陽新幹線の岡山〜博多間が開通し、東京〜博多の1174．9キロが一本の線で結ばれた年です。芸能界はアイドル全盛期。西城秀樹さん、野口五郎さん、郷ひろみさんの「新御三家」、山口百恵、森昌子、桜田淳子さんの「花の高2トリオ」がともにヒット曲を連発し、注目を集めていました。

入社当時、私は地方回りの営業部門に配属され、平日はキャバレー回り、土日は昌子と百恵の歌謡ショーをメインに担当していました。

キャバレー回りには、伝統的なやり方がありました。たとえば東京から新潟まで、小さいキャバレーをチェーンのようにつなげて効率よく回るのです。そうすると、電

車賃が浮きますよね。売れない子ばかりで宿もなく、楽屋で寝るような時代でしたしたから、余計な経費は一切かけられませんでした。

一方、土日はガラッと変わって、ファンが詰めかけてご祝儀をいただくというように、平日と週末とでは住む世界が違っていました。

興行主と出演料で揉めて、怖い人たちに囲まれたこともあります。歌手がステージに立つのは１日２回。通常、事前に半金をもらい、２回目の幕が開く前に残りの半金を集金するのが習わしです。ところが、なんだかんだと払おうとしない興行主がときどきいたのです。しかし、ホリプロにとって歌手は大事な商品。商品と売り上げを守るのは自分しかいません。客席から「早くやれー！」と声が飛んでくるなか、こちらも「半金をもらわなければ、幕は開けさせない」と座り込んだところを囲まれたというわけです。やっと交渉が成立し、集金すると、それをスーツのポケットにねじ込みます。疲れ果てて帰りの電車で寝てしまい、駅員さんに起こされてハッと気づいたときはポケットに数百万円ということもありました。

タレントは、テレビやラジオ、雑誌といったマスコミへの出演によって、知名度を上げていきますが、実質的に日銭を稼ぐのは地方の歌謡ショーやイベントなど、マスコミに載らない仕事です。営業がいろいろなイベントを仕掛けて会社の利益に貢献する、というのが芸能プロダクションの売り上げの構図でした。基本的なスケジュールを仕切るのは担当チーフマネージャー、週末は営業が仕切るというように、土日にすごく視聴率のいい番組の収録がない限り、昌子、百恵のスケジュールは営業が抑えていました。

昌子や百恵はすでに大スターだったので、イベントの反響たるやケタ外れの大きさがありました。

百恵がよみうりランドの中にあるグリーンステージという場所でショーをやったときのことはよく覚えています。

そこは遊園地ですから、いったん入園料を払って入り、グリーンステージに入るためにさらにチケットを買わないといけないのですが、とうとうお客様が入り切らずに、ステージのまわりの木に大勢の人がぶら下がって見ていた。あの光景は忘れられません。

『青い果実』がヒットしてからは、熱狂的なファンが来て大変でした。百恵が地方に行くとオートバイで追いかけられることも多く、おとりの車をパトカーに先導させて注意を向け、建物の裏から別の車で逃げることもありました。

電車で移動する際は、発車直前まで駅長室にかくまってもらいました。その代わりにサインを書いて、発車ベルが鳴り始めたら列車に飛び込むのです。

ショーの幕が上がってからも、ファンがいつステージに上がってくるかわからないので、司会の漫才師を上手と下手に一人ずつ待機させ、「何かあったら飛び出して百恵を守ってくれ」とお願いしました。失礼な話ですが、司会進行はもちろん、それ以上にガードマン的な意味合いが強かったのです。

歌謡ショーの最後にはファンからのプレゼントを受け取るコーナーがあり、ファンにステージの下から引っ張られることもありました。私たちが下でファンが無茶しないようにガードし、上では漫才師の人たちががっちりガードを固めていました。

昌子もすごかった。歌のうまさは天才的だと思いました。舞台の袖にいて、1番から3番まで聴いていると、お客様がシーンとなって泣いていくまでのプロセスが手に取るようにわかります。
昌子が飛騨高山の歌謡ショーに出たとき、たまたま1回目と2回目のステージの間に時間があって、民芸館でも見に行こうということになりました。そのときに50がらみの男性が、自分のお母さんを背負って追いかけてきて、「森昌子さん、握手してください！」と。そのおばあさんが涙を流しながら握手しているのを見て、タレントを介して全国の人に夢と感動を与えることが営業の仕事の幸せなのだと思い知りました。

芸能界の黒子としては、世の中にいろんなことを仕掛けられることが喜びで、常に何かを仕掛けていたいという気持ちがありました。そのタレントのファッション、行動が社会現象になっていったり、それまで全然知らなかった人が話題にしてくれたりして、「実はそれ、俺が仕掛けているのよ」って気分がいいじゃないですか。

しかし、それから4年後、私はいきなりマネージャーに異動になりました。

その頃にはホリプロ・タレント・スカウト・キャラバンが始まっていて、榊原郁恵のデビューイベントを仕切って、昌子や石川さゆりをゲストに招いたショーを開いたり、奈良のあやめ池遊園地で毎週末『ホリプロ祭り』をやって、ホリプロのタレント総出演の大きなイベントを仕切るようになり、「自分の稼ぎがある」という自信があったのです。「俺は年間これだけ売り上げているんだ」という優越感がありました。

それが急に1人のタレントの担当にと言われて、「冗談じゃない！」と思ったのが正直なところでした。

マネージャーの喜びは、タレントに信頼されること

最初に付いたタレントは鈴木ヒロミツでした。ヒロミツは、グループ・サウンズ（GS）の時代に『ザ・モップス』としてデビュー。GSブームが去ってからも3年近

く活動を続け、当時は井上陽水さんやRCサクセションが『ザ・モップス』の前座を務め、荒井由実さんことユーミン（現・松任谷由実）が追っかけをしていたほどの人気グループでした。ユーミンが『ザ・モップス』に渡した自分のデモテープがレコード会社の手に渡り、デビューが決まったという話は知る人ぞ知る逸話です。

私がヒロミツに付いたとき、『モップス』はすでに解散し、ソロ歌手として、また俳優として活動を始めた頃でした。

彼はビートルズのブライアン・エプスタインというマネージャーに心酔していて、そのマネジメント術にならって「タレントとマネージャーは1対1で向き合うべき」という哲学を持っていました。

ところが、1人のタレントと向き合うなんて冗談じゃないと思っていた私は、あるとき、そういう意味合いのことをぽろっと言ってしまったんです。「自分は今まで、何人ものタレントを使ってこんなに稼いできたんだ」って。すると、「この野郎、生意気だ」と言われて、それからずっと口をきいてもらえませんでした。

仕方なく、仕事の連絡を全部メモにして、「来週はこんな仕事が入っています」と伝えていたのですが、いつまで経っても一言も口をきいてくれないので、仕事で認めてもらうしかないと思い、朝から晩までヒロミツだけを見て、走り回ることにしたのです。

ヒロミツは仕事も真剣でしたが、遊びも真剣でした。

朝、家まで迎えに行って撮影に行き、終わったらヒロミツにくっついて六本木で朝まで飲む。そして、酔っぱらった彼を家まで送り届け、ベッドに寝かせて、自分も着替えのために自宅へ戻り、1時間後にはまた彼の家へ。それでまた、撮影に間に合うように起こして、仕事場に行くタクシーの後部座席で彼が寝ている間、私も助手席で一眠り。仕事場に着いたら、彼がメイクしている間にもう一眠りして、撮影が終わったらまた六本木へ。

そうやって24時間体制でヒロミツに付き、一度も仕事に遅刻させなかったのです。そうしたら、３カ月後のある日、ヒロミツが初めて口をきいてくれ、その後「お前の持ってきた仕事だったら何でもやる」と言ってくれました。ああ、マネージャーの喜びってこういうことなんだと思いましたね。

マネージャーは、自分のタレントをどうしたら一番生かせるかを常に考えて仕事を取ってくる。タレントは、こいつ（マネージャー）は自分にとって絶対にプラスになる仕事しか取ってこないと思ってどんな仕事もやる。これがもっとも理想的な関係だと思います。

その関係を彼との間に築けたことが、その後のマネージャー人生に大きな影響を与えました。

タレントにとって頼もしい存在になる

ヒロミツの私への信頼回復の裏には、もう一つ、エピソードがあります。

当時撮影していたドラマは、スケジュールの見えない現場でした。ロケが多いこともあり、天候の都合でなかなかスケジュール通りに進みません。

ですが、タレントであっても人間です。ある程度のプライベートも必要ですし、家族サービスもしたい。スケジュールを渡されれば、事務所側としては「ここは父兄参観日、ここからここは旅行で休む」とNG日を出すことになります。それではさらにスケジュールが押してしまうため、助監督が先のスケジュールを渡してくれないのです。

タレントのスケジュールを抑えておくのが、現場としては一番楽。しかし、そこを調整して制作を予定通り進めるのも彼らの仕事のはずです。


当のヒロミツはアメリカが大好きで、少しでも休みが取れれば渡米したくてたまらない。ところがスケジュールを抑えられているので、予定が立たず、飛行機もホテルも取れずに、撮影中も心が落ち着きません。

それで、私から助監督に「一週間から10日先のスケジュールぐらいはもらわないと困る」と申し入れたのです。最初は、いや渡せない、渡してくれと揉めましたが、最終的にはこちらの言い分を聞いてもらい、ヒロミツとしては、一番ほしかった休みが取れたことで、「あいつが交渉してくれたおかげだ」と、さらに心を開いてくれるようになりました。

その頃は私も20代で若かったですが、鼻っ柱は人より強かったので、多少波風が立ってもかまわないと、普通の事務所ならあえてやらないような行動も取りました。そんな私を見て、「こいつは防衛的な人間じゃないから面白い」と思ってくれたようです。

余談ですが、ヒロミツとはプライベートでも親しくなり、ずいぶん可愛がってもらいました。その後、私が「この人と結婚します」と女房を紹介したとき、泣いて喜んでくれましたから。私の2人の子どもも、わが子のように可愛がってくれました。ヒロミツが亡くなった今となっては、懐かしい思い出です。

マネージャーの原点

当時の社長、堀ファウンダーから教えられたことは数多くありますが、今もよく覚えているのは、「マネージャーである自分を低く見せるな」と言われたことです。

そのときは、何か大きなパーティがあって、私は堀ファウンダーに同行していました。自分は手ぶらだったので、パーティのお土産や荷物を持っていた堀ファウンダーに、「堀さん、お持ちしましょうか？」と言ったのです。すると、「いや、持たなくていい」「これを持つことによって、お前は人から小さい人間に見られるんだぞ」と言われました。

堀ファウンダーが言わんとしていたのは、内面の話ではなく、他人から見られる印象やイメージの問題です。たしかに、私が社長の荷物持ちをしていたら、社長は大きく見えるでしょうが、私自身は、「自分は荷物を持つしかないような、取るに足らない人間です」とまわりに向かってアピールしているようなものです。すると、人の目に映る私も、上の言いなりの人間、価値の低い人間にしか見えなくなるのです。一度そうした印象を持たれると、私という人格をなかなか認めてもらえません。

これはタレントに同行するときも同じだと気づきました。タレントは夢を売る大事な商品、だからこそ大きく見せたい、恥をかかせたくないと思うのは当然です。ですが、制作の現場でタレントに対して必要以上にへりくだり、自分が劣っているように見せれば、やはり私という人間の価値を認めてもらえず、思うような仕事ができなくなります。

周囲に自分を認めさせなければマネージャーの仕事はまっとうできない。陰でやるならともかく、人目につくところで自分を卑下してどうする！　ということを堀ファウンダーは言いたかったのではないでしょうか。

そんな印象深い思い出があり、もともと生意気なところはありましたが、さらに堂々とした態度で周囲に振る舞おうと心がけるようになりました。現場を移動する際も、自分が車を運転することはありません。タレントと同時に現場に入っていくのがマネージャーであって、車を駐車場に置いて、あとから駆け付けましたという姿を見せては、自分が低く見られてしまうからです。

それにしても、自分がマネージャーになるとは思ってもみませんでした。余談ですが、出身校である明治大学の専攻は刑事政策で、将来は刑事になりたいと思っていました。芸能界にもまったく興味がなく、好きな芸能人も高倉健さんぐらい。ニヒルな一匹狼で、人に媚びない生き方をしたいと、学生の頃から思っていました。それが、いろいろないきさつがあり、ホリプロの面接を受けることになったのです。

面接では、他大の友達から学生服を借り、頭もスポーツ刈りにして下駄を履いて臨みました。面接のやりとりはこんな感じでした。

面接官「君、それ明治の服じゃないな」

私「友達から借りてきました」

面接官「君、眼が真っ赤だな」

私「昨夜、友達にボーナスが出たというので、朝まで飲んでいました」

あとから聞いた話ですが、堀ファウンダーがもう一人の面接官に「あんなヤクザみたいなのいらないよ」と言ったらしいのです。しかし、その人が「いやあ、ああいうのが面白いんだ」と。それで入社が決まったそうです。その人は昔から興行関係に強く、美空ひばりさんの営業をやっていたそうです。どうりで、私みたいなふてぶてしいタイプに慣れていたのでしょう。

その後、地方回りをしたとき、「なるほど、そういうことか」と妙に納得しました(笑)。

人を育てるのは、自分の子どもを育てるのと同じ

それから私は、和田浩治、大石吾朗、石橋正次、柏木由紀子、鶴見辰吾といった俳優を担当し、マネージャー道を突き進んでいきました。その頃のホリプロの本流は歌

い手であり、俳優たちはまだ傍流でしたが、当時から、「やがて歌とドラマの比率は逆転するかもしれない」と思っていました。

それから、ホリプロ・タレント・スカウト・キャラバンで歌手ではなく、女優を発掘することになるのですが、その話はまたのちほどするとして、月日を重ねてマネージャーのチーフになった私は、鶴見辰吾のような新人を育てる立場になり、「人を育てるのは、自分の子どもを育てるのと同じだ」と思うようになりました。

親は「子どもが困っていると見ていられない」「子どものことが心配でたまらない」「子どもの望むことは何でも叶えてやりたい」と思うものですが、そうした行き過ぎた心配が、子どもの自立を妨げてしまうとは、よく言われることです。

私にも子どもが２人います。自分の子どももそうですが、「子どもは未来からの預かりものだ」というのが私の考えで、できる限り子どもの独自性と可能性を信じて、「自分で夢を見られる人間になってほしい」と思って育ててきました。

もっとも大切なのは、心配することではなく、信頼することです。その結果、息子や娘は自分に自信を持ち始め、勉強でも、スポーツでも、友達関係でも、目を見張るほどの成長を見せ始めたのです。

それは相手がタレントでも同じだと思います。ただ、人間はジェラシーの生き物です。小さい子どもでも兄弟で親の取り合いをしたり、親が自分に目を向けてくれないと悪さをしたりする。ですから、べったり一緒にいるということではありませんが、要所、要所で顔を突き合わせ、言葉にせずとも「あなたのことはちゃんと見ているよ。だから、安心してがんばりなさい」というメッセージをいつも送っていました。

一つだけ、この仕事の厄介なところは、「人の人生を背負わなければいけない」ことです。女性なら結婚することで、パートナーによって生活が変わることもある。しかし、男性タレントの場合、そこに奥さんや子どもがいたら、家族の暮らしがかかってきます。そのことを常に考えて仕事を取っていました。

安定した生活を送れるだけの稼ぎを得るためには、できるだけ長期の仕事がほしい。だったらどう仕掛けるかということですが、昔は、ドラマが始まると2年、3年続くことがあったのに対して、最近は1クール3カ月と短く、撮影が始まったと思ったら、もう次の仕事を探さなくてはいけません。

世の中の商品やサービスも、１９７０年代の高度成長期は5年以上売れ続けるロングセラー商品が多かったのに対して、現代はライフサイクルがどんどん短くなり、各企業の従来の手法はもはや通用しません。人間産業である芸能プロダクションもそれは同じで、今は非常に厳しい時代だと言えます。

大スターでも、言うべきことは躊躇しない

タレントに何か問題があれば、それを正すのもマネージャーの仕事です。

どんな売れっ子でも、マネージャーよりタレントの立場が上になることはありません。タレント人生には紆余曲折があり、いつまでも山の頂上にいられるわけではないからです。そのときに必要なのがマネジメントの力です。マネージャーが若く、タレ

ントが売れていると、どうしても仕切り切れない場面も出てきますが、本来、タレントとマネージャーは持ちつ持たれつの関係と言えるでしょう。

入社当時、森昌子の営業担当だったと先述しましたが、昌子が地方に行くと、それだけで地元がお祭り騒ぎになりました。駅はもちろん、行く場所、行く場所にファンが待ち受けていて、そのたびに人だかりができます。当然、私服にも注目が集まりました。ところが、彼女はいつも、どことなく野暮ったい、垢ぬけない印象のジーパン姿だったんですね。

もちろん本人にそんな自覚はなかったでしょうが、夢を売る商売である以上、マネージャーとしてはタレントにファンをがっかりさせるような服装をしてほしくない。そのとき私は営業の立場でしたが、自分以外にそのことを注意する人間がいませんでした。それで、この世界の先輩で、すでに大スターだった彼女に向かって、「次からは、ジーパンじゃなく、女の子らしいスカートをはいてきたほうがいい」と言ったのです。

すると昌子が、翌週から言われた通りにスカートをはいてきて、正直びっくりしました。

おそらく、私のほうが彼女より年上で、大学を卒業して入ったからそれなりの立場だと見てくれたのでしょう。一人で看板として営業する実力があったのに、偉ぶる態度を一度も見せることはなく、対等な人間として素直に受け入れてくれました。

スポーツ界では100メートルを9秒台で走ればオリンピックに出られますが、芸能界では9秒台で走れる力を持っていても、売れるかどうかはわかりません。だからこそ、たとえ言いにくいことでも口に出して言わなければなりません。

最終的に、「これだけやってダメだったらしょうがないね」と、マネージャーとタレントが言い合えるかどうか。そこまで精一杯やったと言い合える信頼関係が大事だと思います。

実際には、あいさつをちゃんとするとか、人の目を見て話すとか、親が子どもにするしつけと同じような注意もしてきました。日本は古くから行儀や作法、マナーを重んじる国です。それらが当たり前にできないと、タレントの将来を左右してしまうこともあります。

と同時に、日本では昔から「子どもは親の背中を見て育つ」という言葉があるように、自分が率先して、世間に恥ずかしくない行動をしなければいけません。私は、見た目はいかついですが、どんなに小さな横断歩道でも、信号が青にならなければ絶対に渡らない。変な正義感があって、道で歩きたばこをしている人を見ると、つい注意してケンカになりそうなこともありました（笑）。

当時、自分の子どもによく言ったのは、「裸とか、色気で売るタレントは、お父さんは絶対にやらないよ」。どんなにギャラがよくても、脱ぐような仕事は取ってこない。自分の子どもに対して、胸を張って「お父さんの担当している人だよ」と紹介できるようなマネジメントをしようと思っていました。

自ら伸びようとする力を生かす

百恵は昌子とは正反対の性格でした。昌子が人の意見を素直に聞く、営業やマネージャーに任せるのに対して、百恵は自分の意見、主張をしっかり持っていて、それを私たちにストレートにぶつけてくるタイプの子でした。

あるとき、地方の歌謡ショーで、「自分で考えた構成でやりたい」と百恵本人が言ってきました。それは本来、営業の仕事です。オープニングがこうでエンディングがこうというような演出を考えるのです。

1時間半のショーを組み立てるのに当たっては、お客様を飽きさせないためにどうするかを念頭に置きます。すると、オープニングはおとなしめで、中盤からだんだんアップテンポにしていき、ショーの終盤にもっとも会場が盛り上がる曲をもってくるというようなオーソドックスなパターンになることがどうしても多くなります。

ところが百恵には、「それは誰でも考えることだから、私はこうしたい」というようなビジョンがありました。それはファンの予想や期待をいい意味で裏切る、非常に独創的なものでした。


こちらも最初は「スターといっても、態度が生意気だ」と思いましたが、話を聞くと、なるほど、そういう考え方もあるんだと妙に納得して、結局、百恵の考えた構成案に方向転換し、ショーは成功しました。

それがベストだったかはわかりませんが、私たちはあくまで裏方であり、舞台に出て歌うのは彼女自身です。自ら考えた演出でファンの感情に訴えかけ、メッセージ性の強いショーをつくりあげたことはたしかでしょう。

歌うことを本分とするのが昌子だとしたら、自分も企画に参加するのが百恵だったということですね。両方とも天賦の才がありましたが、タレントとしての主張、生きざまは対照的でした。

百恵に限らず、タレントが持っている自立心や本人の意思を生かすこともマネージャーの仕事といえます。

たとえば次のドラマを受けるとき、マネージャーとの信頼関係があり、「この人が言うならやろう」というのが大前提ですが、タレント本人から「これは絶対にやりたくない」と言われたらやめることもありました。こちらとしては、「次は時代劇をやらせて、大河ドラマにつなげたい。本人のためにもこの作品は絶対やったほうがいい」という考えがあったとしても、最後まで抵抗するものをやらせたとしたら、本人も辛くなりますし、それはテレビを見ている視聴者にも伝わります。結果としてドラマが不成功に終われば、その子の将来に影響が出るかもしれません。

スターになると同時期に何本もオファーが来ますが、そういう自己主張があるタレントの場合は、企画書を全部テーブルに載せて、「俺はこういう理由でこの仕事がいいと思うけど、どう?」という姿勢で話し合うこともありました。向こうが納得しないままではやらないというルールを自分につくっていました。

ただ、私本人としては、タレントがある程度スターに育ったら、違う子を育てたいという想いがいつもありました。

自分が付いたタレントがスターになると、「俺があいつをスターにしたんだ」「こいつは俺にしか動かせないんだ」とアピールするタイプの人間が芸能界にはけっこういます。会社組織でも、「このお得意さんは自分じゃなきゃ」と言う担当営業がいるでしょう。それは自分の売り上げをキープする上で一つのテクニックであり、サラリーマンの生き方としては当たり前かもしれません。でも、たまたま売れるべくして売れた商品や取引先に当たっただけかもしれない。そこにしがみついて自分の地位を守るのは、私は生き方として好きになれませんでした。

誰にも媚びない、誰に見られても見苦しくない生き方をしてみたいと思っていたとき、ある出会いがありました。

未来のスターは多数決では決まらない

１９８４年の第９回ホリプロ・タレント・スカウト・キャラバン（以下、ＴＳＣ）でのことです。

その年の応募の数は特に多くて、12万通ぐらいありました。グランプリは井森美幸に決まりましたが、私には、井森とは違う意味で可能性を感じた少女が一人いました。それが、高校３年生の鈴木保奈美です。

私も審査員の一人で、最初から「この子はいいなあ」と思っていました。保奈美は歌手志望ではなかったので、正直言って歌はうまくありませんでしたが、私には誰よりも光って見えました。結局は自分の好みなんでしょうね。理知的な顔立ちが印象的で、自分の好みのタイプの子が芸能界でどこまで通用するのか、挑戦してみたいという想いがわき上がってきたわけです。だから、「自分がやる」と言って手を挙げました。

タレントとマネージャーの関係で大切なのは、その子に対して、誰が夢中になって一生懸命やっていくかということです。間違いなく、情熱がないとタレントを育てられない。「この子を何とかしたい」という想いしかありません。それがセールスするときの意気込みというか、説得力になるのだと思います。

ですから、多数決でみんなが「いいね！」と支持する子よりも、この子は自分がこのコンセプトで、こういう形でプロデュースしたいんだと言い切る人間がいるかどうかが重要であって、10人が10人「いい」と言ったから、それで必ず売れるというものではありません。

誰がその子に全身全霊を傾けてセールスをしていくか。その情熱が、たぶん人と話したときに伝わって、相手の心を揺さぶり、「使ってみようか」という判断に結びつくのだと思います。

保奈美は結局、審査員特別賞を受賞。当時は受験生だったので、「大学が決まったら本格的に仕事を始めよう」と伝えました。翌年、成城大学に進学。86年、ＴＳＣ出身者としては異例の「ビジュアル系女優」としてデビューしました。

最初の仕事は井森がヒロインのドラマ『遊びじゃないのよ、この恋は』で、続いてＮＨＫドラマ『匂いガラス』に出演。その後、文化放送の女子大生ＤＪもスタート。

同じ年にカネボウのキャンペーンガールのグランプリも射止めました。当時は、化粧品会社のキャンペーンガールに選ばれると、タレントもＣＭソングも必ず売れた時代です。保奈美はその後、12年間にわたりイメージガールを務めることになりました。

化粧品のキャンペーン・イベントでは全国を回ります。初めはお客様もまばらでしたが、５カ所目ぐらいからドッとファンが押し寄せて、デパートの化粧品売り場でイベントの予定が収集がつかなくなり、とうとう中止になってしまいました。最初とはまるで違う手応えに、こちらが面食らったほどです。それだけＣＭの印象がよかったのでしょう。

自分が発掘した名もない少女が現場でどんどん変化していく様子を見ながら、私自身、喜びを感じていました。
初めは電車で移動していましたが、隣に座った乗客が驚いた顔をするようになり、だんだんほかの乗客の視線も集まり出しました。車内でのまわりの反応を見て、「これはもう電車には乗せられないな。タクシーだな」と思いながら、なりゆきを楽しんでいました。

そして映画『刑事物語』をはじめ、いくつかのドラマを経て、91年の『東京ラブストーリー』でブレイク。いわゆるトレンディードラマと呼ばれる都会派ドラマの代表的な女優として定着していきました。

芝居は教えられるものではない

その頃、テレビから歌番組が消え始め、アイドルたちの歌う場所がなくなっていきました。ホリプロでは井森美幸や山瀬まみが「バラドル（バラエティ・アイドル）」という新しいポジションを開拓していましたが、ＴＳＣとして次にどんなタレントを発掘すべきなのかという議論が内部で起きていました。

そこで私がＴＳＣのリーダーをやれと指名を受けたのです。ならばと、堀ファウンダーを前に、「私がやるなら、女優しかありません」と宣言しました。もはやバラドルの時代でもないと、肌で感じていたからです。

しかし、ＴＳＣのコンセプトは「アイドルの発掘」です。そして、アイドルとは歌って踊って演技もやる、何でもできなければいけません。上層部も、なかなか首を縦に振ってくれませんでした。

しかし、テレビ番組の編成が入れ替わり、歌番組が少なくなっていく中で、私に賛同してくださる方が増え、私がリーダーを務めた90年のＴＳＣは、『大物発掘』というタイトルで、最初から女優を採るというコンセプトでスタートしました。

その年のＴＳＣから生まれたのが戸田菜穂です。デビュー早々、運よくＣＭが５本決まりました。その運の強さを決定的にしたのが、ＮＨＫの朝ドラ『ええにょぼ』です。ホリプロの朝ドラ女優第一号の誕生でした。

朝ドラの主役は、基本的にオーディションで決まります。菜穂は一次オーディション、二次、三次と順調にオーディションを突破して、見事ヒロインの座を獲得しました。ＴＳＣの経験者はオーディションに強いことも菜穂のおかげで証明されました。

そして、それが転換期となり、ホリプロが抱えるタレントがアイドルからアクターズ路線へと軸足を移して行くことになったのです。

しかし、保奈美も菜穂も、最初から演技力を買って採ったわけではありません。芝居は教えられるものではなくて、自分自身が日頃から感受性を磨いて、それをできるだけ自然な形で表に出していくものだと考えていました。

なぜなら、スターが演じる人気ドラマも、大半は普通の人々の普通の世界が舞台になっているからです。俳優として成功するには、日常生活をしっかり送ることや、人間観察などが重要になると、タレントにはいつも話していました。

たとえば、電車に乗ったときに疲れて寝ている人はこんな顔をしているんだなとか、酔っぱらって寝ている人の顔はこうかとか、そういう観察眼を磨いておけばいいんだと。「感情表現」というテクニックは絶対習っちゃいけないと思っていました。

二割五分の確率で勝てばいい

どんなにマネージャーに情熱があっても、売れないことはあります。それでも寝食を忘れて「この子をスターにしたいんだ」とがんばる。前に進む原動力は「この子は世間にアピールできる」と信じることです。
それは自分の育てているタレントをスターにすることによって、お互いの道が開けるからとも言えます。反対に売れなければ、先の見えないトンネルに一緒に入ることになる。結果はどうなろうと、一蓮托生なのです。

もちろん、どんなにマネージャーの腕がよくても百発百中はありません。堀ファウンダーが言っていたのは、「二割五分の確率で当たればいい」。野球の打率と同じで、有名選手でも三割はそうそう打つことはできません。二割五分と言えば、4人デビューさせて1人スターにするのですから、実はすごい確率です。
ホリプロでその確率ですから、よそはそれどころではないでしょう。もともと才能がある子が集まって、マネジメント力のある組織体があって、リードするスターがいて、それでも二割五分なのです。

あとは時代に合っているかどうか。「時代の寵児」という言い方がありますが、時代からの要請によって売れる子はいます。しかし、私はトレンドに乗っかるのではなく、普遍的なスターをつくりたいと思っていました。自分の理想とする女性像「清潔で利発でお嬢様タイプ」がその軸となりました。

ＴＳＣで深田恭子の写真を見たときは、「この子は時代に関係なくスターになる」「この子が時代をつくるかもしれない」という予感がありました。

「あ、この子はいいな」と思う子は、やはり光って見える。ある種のオーラを持っています。

経営者でもそうですが、オーラのある人は遠くにいても光って見えます。深田恭子は本当にすごい光を放っていました。でも、あれだけ注目されるようになったのは、ホリプロのマネジメントの力でしょう。清純キャラで行くかと思えば、セクシー路線へ。しかし、男性受けするお色気で突き進むのかと思いきや、今度は健康美を披露するなど、ファンでも先を読めない育て方が彼女の持ち味となり、30代半ばを越えてなおエイジレスな美しさを保ち、「見るたびにキレイになっていく！」と、女性の憧れの存在となっています。

深田を担当しているマネージャーのセンスもいいのだと思います。メイクもちょこちょこ変えて、女性の目線を惹きつけるようにうまく変化させています。

綾瀬はるかはどちらかというと天然ボケキャラですが、こちらも美しさには定評がある。石原さとみもビジュアルを意識しているという点では同じ。「同性が真似したいヘアメイク」に力を入れている印象です。

（お互いの信頼なくして人は育たない）

マネージャーの情熱がタレントとの絆を結び、スターへの成功率を押し上げます。

反対に、本人の信用をなくしたらタレントは離れていく。いったんそういう関係になってしまうと、何をやってもうまくいきません。結局、そのタレントはそのマネージャーの下にいても育たないということになり、別の担当者のところへ移るか、ホリプロを辞めて別の事務所に移るか、という選択を迫られます。

私にも苦い経験があります。

私の班（以下、山田班）にいたスター・タレントの一人に付けていた現場マネージャーが、実は現場に行っていなかったことが、ずいぶんあとになってわかりました。ホワイトボードには「現場」と書いてあるのに、現場に行っていない。実は別の場所で遊んでいたのです。

チーフの私がそのマネージャーに「現場に行ったら、○○に今度の新しい仕事について伝えておいてくれ。俺があとから行って詳しく説明するから」と指示し、タレントに直にその話をしても、明らかに不満そうな顔をして、「え、いきなり何ですか？」と言うので、おかしいなとは思っていました。

しかし、最初は私もマネージャーが伝えていないとは思っていませんでした。そのタレントにはもともと気難しいところがあり、少し言葉を間違うと感情が爆発してしまう一面があったので、「そんな聞き分けのないことを言わないでくれよ」と、もう一度初めから説明していたのです。ところが、「山田さんが来ると、いつも無理難題を押し付けられる」と言われることが立て続けに起こり、やっと気づきました。

そのマネージャーはいい大学を出て、頭も優秀な男でした。しかし、遊び慣れていない人が入ってくると、この世界は誘惑が非常に多いので、中には深みにはまって身を崩す人がいるのも事実です。ホリプロ内では、「マネージャーはバカじゃできない、利口じゃできない、中途半端じゃなおできない」という合言葉があるほどでした。それにしても、そのマネージャーの行動を見抜けなかったのはチーフである私の責任です。

信頼に亀裂が入ってしまったそのタレントとは、残念ながら関係を修復することはできず、上層部の決定で、私の管轄外に行ってしまいました。

泣いたり、笑ったりの、マネージャー人生

一度だけ、山田滋敏として泣いたことがあります。その人からも信頼され、私も信頼するある局のプロデューサーの期待に応えられず、悔し涙を流したのです。向こうもやりたい、私もやらせたい企画があったのですが、どうしてもタレントを動かすことができなかった。別の局に1年先、2年先までスケジュールを抑えられ、最終的にタレント本人が首を縦に振らなかったという案件がありました。

当時、私はマネジメント部の部長で、役者全員をコントロールする立場でしたから、その局だけでなく、全局、全方位を相手に采配を振っているつもりでした。私がチームのリーダーとしてタイミングや方向性を判断し、タレントを動かすことによって、人が生き、企画が生き、次のタレントも生み出すことができる。ところが、メン

バーであるタレントをその企画に誘導することができなかった。結果として、チームの連帯性を維持することができず、進めていた企画を道半ばで中止することになったのです。

リーダーシップを取り切れなかった自分が歯がゆく、しばらくは無力感に苛まれました。そのプロデューサーが、「誠意を尽くしてくれたことは十分わかりました。山田さんは戦友です」と言ってくれたのがせめてもの救いで、お互いにあきらめをつけるしかありませんでしたが、私としては、後悔の残る出来事でした。

その反面、うれし涙もあります。マネージャーとしては、タレントに「やりたかった仕事を取ってくれて、ありがとう」と言われるのがやはりうれしい。しかし、それ以上にうれしいのは、自分が発掘したタレントが主役を勝ち取ったときです。

先ほども話に出てきた戸田菜穂は、私が初めて責任者を務め、女優を採ると決めたTSCでグランプリを獲得した子です。もともと思い入れが強い上に、デビュー2作目でいきなりフジテレビの『葡萄が目にしみる』の主役に抜てきされ、続けてNHKの朝ドラ主役となれば、喜びもひとしおです。

小田急百貨店のイメージガールに選ばれ、「小田急の顔」として小田急線内に貼られたポスターをＮＨＫのプロデューサーがたまたま目にし、オーディションに参加できることになったのです。それが縁で、シンデレラガールを射止めることになった。おそらく本人はそこまでピンときていなかったと思いますが、私は朝ドラの影響力を知っていただけに、主役が決まったときは、思わず感激してしまいました。

しかし、どんなに大きな役を与えられても、次に続かなければ意味がありません。いい例が子役です。

タレントがいわゆる「代表作」をつかむためには、紆余曲折があります。ところが、小学生ぐらいでつかんでしまうと、そのインパクトが強すぎてほかの仕事が来ない。つまり、潰しがきかなくなることがあるのです。歌も踊りも芝居もずば抜けてうまくて、天才的な子どもだったとしても、その子を生かすような役がこのあと果たして来るのかどうか、この先の長い役者人生の中で、代表作を上回る仕事が来るのかと正直、心配になります。

そこにもやはりマネジメントの力が必要です。タレントの絶頂期を山の頂上だとすると、「山の頂上にはずっといられない」のがタレント人生です。代表作があるということは、その時点で山の頂上にいるわけです。しかし、そこには長く留まれない。登ったからには、降りなければいけません。

もちろん、頂上まで行けない人のほうが多いのがこの世界です。頂上を目の前にして、あきらめて降りる人の数が圧倒的だからこそ、「いかに早く登らせて、ゆっくり降ろすか」が、結局のところ、私たちの仕事のすべてなのではないかと思います。

第2章 マネジメントの基礎

マネージャーに必要な3つの側面

マネージャーの行動によってタレントのパフォーマンスが上がることもあれば、その逆もあることを第1章でお話ししましたが、マネージャー自身の人間的魅力もまた、タレントが成果を上げるために重要な要素となります。

たとえば、身につける物もそうです。身だしなみは相手への気遣いですから、対外的にも気をつけたいことですが、人前に立つのが仕事のタレントをマネジメントする人間が、野暮ったい格好をすることが、タレントのモチベーションにもかかわるからです。

夫婦でもそうです。夫、あるいは妻が着ている服が高級ブランドでなくても、若々しく見え、清潔感があると、まわりからの評価もよく、隣で歩いていてちょっと気分が上がりますよね。見た目のセンスがいい＝自分に似合うものがわかっている人にファッションのアドバイスをされると、妙な説得力があって、「なるほど」と納得してしまいます。それと同じで、センスのよい自分を演出できると、タレントの関心がこちらに向き、話を素直に聞いてくれるのです。

一緒に食事をするときに選ぶお店でも同じことが言えます。プライベートな空間が確保され、店内がおしゃれで味も美味しい、それでいてリーズナブルな店を数多く知っていると、「まさかこんな場所に、こんな素敵なお店があるなんて！　この人は、仕事だけじゃなく、こういうところにも探求心があってセンスがいいんだ」と、マネージャーを見る目が変わってきます。

センスで言えば、「会話のセンス」もそうです。その場にふさわしい会話はもちろん、会話の中身、これまで自分がやってきたこと、最近見つけた遊び場所、キャッチーな情報、仕事の信念などを織り交ぜながら、頭をやわらかくして相手に伝える。そこでの会話のキャッチボールからも、「センスのいい生き方をしてきた人だ」という感覚を与えることで、「こういう人に任せておけば大丈夫」といった安心感や信頼がわいてくるのです。

その結果として、「この人がすすめてくれる仕事なら、自分にとってもいいはずだ！」となるのが、マネージャーとタレントの理想の関係だと思います。

つまり、いいマネージャーは、人として魅力的な人間でなければいけないのです。

そういう意味では、遊ぶことも仕事のうち。この業界は24時間遊びであり、24時間仕事であり、その境目がないとも言えます。平日の昼間から映画を観たり、芝居を観たり、イベントに足を運んだりして、第三者からすれば遊んでいるようにしか見えませんが、その中でも常にアンテナを張り巡らせ、どうやって仕事に結びつけようかと考えるのが私たちの役割。それを教えてくれたのは、第1章でも登場したタレント・鈴木ヒロミツです。今もヒロミツには心から感謝しています。

ときには兄、ときには父、ときには友として

マネージャーとタレントの関係は、年齢差によって接し方も変わってきます。年が少し離れていれば、兄貴になったり弟になったり、自分の子どもと同じぐらいなら親になったりということです。相手が小学生、中学生ぐらいなら、社会性を持つという意味での「教育」も必要になってきますから、マネージャーというより親に近い立ち位置になるでしょう。

年齢が近ければ、私なら仲間として接します。仲間ですから、二人三脚で夢を目指したい。タレントの強みや魅力を見つけるためにも、いろいろな話をします。たとえば、「俺はこういうふうにあなたを売ってみたいけど、あなたはどういう役をやりたいの？」と投げかけて、「〇〇という映画（あるいは小説）に出てくる主人公に惹かれ

る」と返ってきたとします。すると、そこに一つ方向性（具体像）が見えてきて、セールスに行ったときも軸がぶれず、スムーズに話ができるのです。

もちろん、「こういう役がやりたい」と言って本当にやれるのは、ほんの一握りのタレントだけ。相手がつくってくれる企画に載せてもらうほうが圧倒的に多い現状で、どうやって夢に近づけていくか、それを試行錯誤するのがマネージャーの仕事です。

たとえば役のオファーをもらったとき、わがままを言える相手であれば、「今の役に、こんなキャラクターをもう少し足してほしい」「この台詞は、こんなふうに変えられませんか？」と相談して、できるだけ具体的に役をつくっていきます。

そして、そのドラマや映画で観る人にインパクトを与え、業界関係者の目に留まれば、「この子を次の作品で使ってみたい」というつながりも期待できます。そういう意味では、作品が変わるたび、毎回、毎回が戦場のようでもあります。

でも、うまくいったらお互いに認め合い、一緒に喜べる。だから毎回、喜べるように、プレゼンテーションしながら戦うわけです。

では、自分より年上のタレントに対しては、弟のように従順になるのかというと、少し違います。

プライベートな部分ではそれこそ美味しいお店を教えてもらったり、業界の先輩としてアドバイスをもらったりしますが、仕事となればまた別です。たとえ年上でも、役づくりとは関係なく急に髪を伸ばしたり、髭を生やしたりして、会社として築き上げてきたイメージを壊す危険があれば、「そのイメージは違うから、やめてください」とはっきり伝えます。

ほかの業界でもそうでしょうが、芸能界も、売れていれば売れているほど、まわりが黙ってしまう傾向があります。現場でも、明らかに雑な仕事をしているのに、誰も何も言わないとか、調子の波に乗って態度が大きくなるような人も、どこにでもいるでしょう。

そういうときには、タレントに対して「勘違いするな」と、あえて憎まれ役を買って出る。まわりの迷惑を推しはかり、マネージャーが苦情係になるのです。

もちろんお互いの信頼関係があってこそ言えるのですが、大御所と呼ばれる人なら、自分もそれなりの覚悟が必要です。あとになって、「今、この世界で生きていられるのは山田さんのおかげだよ」と言ってくれる人もいて、ああ、あのときは思い切ってぶつかってよかったなあと思います。

人間としては荒削りでも、現場を預かる身としては、どんな場面でも体を張って対処するしかない。それがときに無謀に見えたり、乱暴に見えたりすることもあったでしょう。

一つうれしかったのは、私の結婚式のとき、堀ファウンダーから「この男はそこのところが一番、見境がない。しかし、それが山田滋敏なんです」と祝辞をいただいたことです。おそらく、それは堀ファウンダー流のほめ言葉だったのだろうと思います。

目配り・気配りを忘れてはいけない

タレントは売れていれば不満はないかというと、そんなことはありません。「人気があるほどわずらわしい」と言われるように、人の目が窮屈になります。恋愛するにしても、すぐ騒ぎになって一般の人と同じことはできませんし、ご飯を食べるのも人の目があってゆっくり食べられない。だからわずらわしいんだと。でも、人気がなければそもそも騒ぎにはならないわけです。

話を聞けば、「遊ぶ時間がほしい」「普通の人と同じことをやりたい」と言いますが、じゃあ、毎日好きなことをして遊んでいたら、「君はそれでいいのか?」という話です。タレントになった以上、人気がないほうが酷で、自分でやりたい役をやれれば、それぐらい幸せなことはありません。わずらわしいといっても、売れている喜びはそれ以上にあるのです。

反対に、売れていない人はどうかというと、もちろん私たちに不満を持っています。何も言わなくても不満があることはわかります。「思っているようにいかなくて、ごめんね」とこちらも謝るしかありません。

ただし、マネージャーの努力が足りないのかというと、それだけでは売れていかない。本人の探求心や向上心も重要です。ところが、芸能界の仕事がちょっと忙しくなると、大学をさっさと辞めてしまう人もいる。それはちょっと違うと思うのです。

特に若いうちからこの仕事をしていると、大人に囲まれて仕事をすることに慣れ、「自分も大人だ」と勘違いしがちですが、実際は大人でもないし、世間知らずのままのことも多い。単純に大学を卒業する、しないではなく、「受けたい授業」があれば続けたほうがいいというのが私の考えで、「タレントではない素の自分として、やりたいことを見つけて勉強しないといけないよ」といつも言っていました。大学に行かなくても「本を読みなさい」とか、移動中も、「携帯をいじっているくらいなら、まわりにいる人の所作、表情を見ていなさい」と。ぼーっとしているのではなく、日常もすべて勉強なんだという話です。

本を読んだり、映画を観たりして、感情移入することも大事な勉強で、自分が主人公になって演じているイメージを持ったり、監督になったつもりで作品全体を俯瞰したり。それが、実は私たちマネージャーの信頼を得ることになるのです。

タレントを信頼して仕事を取ってきても、勉強を怠ってきた人は評価される演技ができません。その批判は最初にマネージャーにきますが、徐々に使われなくなり、最終的にはタレントに返ってきます。


そういう意味では、今日仕事があろうがなかろうが、タレントを常に感情豊かにさせておく、感性を磨かせるのも、マネージャーの仕事なのかもしれません。

今の鈴木亮平も非常にストイックに勉強しているタイプだと思います。英検一級、世界遺産検定一級の資格を持つほか、ボクシングやトランプマジックなど趣味も幅広い。その〝吸収力〟が、役づくりをするときにも非常に役に立つのです。

たとえば時代劇で、乗馬、刀さばき、着物の裾さばき（歩く、座る）といったものには、集中力はもちろん、探求心、創造力、根気…さまざまな能力が必要です。歴史への興味がその役をつかむためのヒントをくれることもあるでしょう。マネージャーは、「どんな先生につけばいいか」というフォローはできても、技術を身につけるのはタレント自身です。

医者の役、刑事の役、何でもそうです。まわりに求められる〝らしさ〟は、本人がつかみとるしかありません。

プライベートの付き合い方

タレントとマネージャーの付き合いは仕事上だけではありません。現場マネージャーのときはそんなこともありませんでしたが、山田班ができ、30人のタレントの面倒をみるようになってからは、家にタレントが遊びにくることもよくありました。

そこで得られるのは一体感です。山田班のタレントやマネージャーがきて、アットホームな雰囲気でわいわい一緒にご飯を食べる＝同じ釜の飯を食うことで、さらに信頼関係が増すというのでしょうか。仕事の話は一切なく、言いたいことを言って、ご飯を食べて、お酒を飲んで…。おそらく、タレントとマネージャーだけの関係じゃないんだと、感じてくれたと思います。計算してやったわけではありませんが、多少のガス抜きにもなったでしょうし、プライベートを共に過ごすような気心の知れた関係だからこそ、仕事もあうんの呼吸でうまくいっていた感がありました。

ときには、タレントが別の事務所のタレントを連れてきたり、監督を連れてくることもありました。「ホリプロは大きい会社だと思っていたけど、こんな家庭的で和気あいあいとした付き合いがあるんですね！」と驚いていました。外部に対して、少しイメージアップになったかもしれません（笑）。

では普段、山田班の中で誰に一番声をかけるかというと、一番売れていない子です。売れているタレントは私が何かしなくてもまわりがちやほやしてくれますが、売れていない子はどうしても寂しい思いをしています。

たとえば、若いタレントの中には、毎日、学校に行く子もいれば、芸能活動が忙しくて学校に行けない子もいます。そうすると、毎日、毎日、学校と家を往復することが、本人にとってはものすごく辛いわけです。売れている人と自分を比較して、自分だけが取り残されたような気持ちになってしまう。自分としては、そういう子のところに行くべきだと思っていました。

売れなくてふてくされてしまう子もいます。ですがそれは、自分が負けたということです。どの世界でも、逃げ道はいくらでもある。でも、逃げ込んだら終わりです。そうならないようにするには、私たちが見放さないこと。仕事がない寂しさをバネにして、自分はまだがんばれると思えば、やれることは山ほどあります。

自分で苦しまずに売れるタレントはいない

タレントとして恵まれるかどうかは運もあります。そもそも人間は生まれたときから不公平です。先ほどもお話ししたように、どんなに実力があっても、１００メートルを９秒台で走れても、一位になれるとは限らない。そういう尺度のはっきりしない世界にいるわけです。

では、売れない人がどうやって「それでも自分は絶対この世界で食べていく」と覚悟を決められるのかというと、マネージャーや他人からのアドバイスより、自分自身で真剣に悩んだり試行錯誤したりする期間が必要だと思います。

他社のタレントですが、たとえば、俳優の大和田獏さんは、まだ売れなかった若い頃、暇に任せてずっと落語を聞いていたそうです。大和田さんはもともと探求心が強く、好奇心が旺盛な人だったのでしょう。耳学問として落語の幅広い物語を聞くうちに、知識欲に火がついたのだろうと思います。

その知識の広さ、深さが大和田さんの武器になり、その後は俳優の傍ら、22年続いたクイズ番組『連想ゲーム』レギュラー解答者の椅子を獲得。１９９８年からの約11年間、情報番組『ワイド！スクランブル』のＭＣを務めました。

自分から試行錯誤する人は、大和田さんのようなタイプのほかに、考えるのが好きな人、向上心のある人、謙虚な人、楽天家など、一定の特徴があるように思います。失敗を繰り返しながらも、本当の成功を見つけられる人たちです。

プロとアマチュアの決定的な違いは、精神力です。アマチュアでも芝居への並々ならぬ愛情と情熱があり、台詞の一言、一言に全力投球しているその姿は、たとえ演技力が足りなくても観る人の心を震わせ、感動を呼びます。「自分が楽しいから演じたい」のがアマチュア精神の神髄だと思います。

プロにもアマチュア精神が基本にあります。そもそも「自分が楽しいから演じたい」と思わなければ、才能を磨き続けるような努力を長く続けることはできません。では、何がプロとアマを分けるのかというと、プロは熱意のかたまりのようなアマチュア精神の最高レベルを保ちながら、冷静さを持っていることではないでしょうか。体調管理はもちろんのこと、仮にどんなに台本が気に入らなくても、演出家と気が合わなくても、自分の立場を冷静に受け止めて、一定のクオリティ以上の演技を提供し続けることです。

うれしい、楽しいだけでは務まらないのがプロの仕事であって、プロになった以上は、甘えたことを言うなというのがマネジメント側の言い分です。

プロダクションは、プロ意識を持ったスターを育てることを目的にしたプロ集団であり、自分で自分のお尻を叩くこともできないような、中途半端なアマチュア精神のタレントをマネジメントしようとは思っていないのです。

たとえば、ホリプロには吉田鋼太郎という役者がいます。すごい二枚目というわけではありませんが、高校時代からシェークスピアを愛し、日本を代表するシェークスピア俳優として舞台で活躍する一方、50代でブレイクし、ドラマや映画のオファーが引きも切らず、故蜷川幸雄さんの後任として『彩の国シェイクスピア・シリーズ』の芸術監督も担っています。

タレント本人に〝自分の言葉で語れる〟信念やビジョンがあり、さまざまなチャンスを見事につかんで、自分のものにする実力がある。少なくともそういう人のマネジメントをするためのプロ集団であることだけは確かです。

プロダクションに入ることがゴールではない

「お互いにスターを目指してがんばろう」という大前提はありますが、芸能界に憧れて入ってきた子に、最初にこの世界の厳しさを教えるのはマネージャーです。マネジメント側は新人に期待し、新人はマネジメントに期待しています。期待されているからにはお互いに一生懸命ベストを尽くそうということです。

ですが、プロダクションとしては、一人の人間の大切な一日、一日を預かることになりますから、「どんなにがんばっても運が悪くて売れなかった場合は、『お互いここまでやったんだから』って、納得して終わろうね」と、最初に〝最悪の結果があること〟を話すのです。

特にホリプロのような大きなプロダクションに入ると、スターになることが約束されたかのように感じても不思議ではありません。ましてやＴＳＣでグランプリを獲ったなんてことになれば、家族や友人からも「スター」扱いでしょうし、世間も一時的にシンデレラガールのようにもてはやし、取材も殺到するようになります。勘違いしてしまうのも無理はないのです。

ですが、先述したように、ホリプロですら2割5分ヒットが打てれば上等という世界です。勘違いしたままこの世界を甘く見て、成功する人は誰もいません。のっけからスターになる夢を壊すようでこちらも心が痛みますが、たとえ10代の子どもであっても否定的な話はします。それで覚悟が決まる子もいます。

大事なことは、プロダクションに入ったことがゴールではないということ。「結婚はゴールではなくスタート」と言われるのと同じで、プロダクション選びは選択の一つ。有名プロダクションに入ったから「これで安心」「人生安泰」なんてことは絶対ありません。

その代わり、とことんがんばって、やれることは全部やって、それでもダメならあきらめもつきますし、それだけ努力する力がある人なら、別の世界に入っても十分成功する可能性はあります。夢のない人が多いこの世の中で、「夢を持つ力」があるというのは、それだけすばらしいことなのです。

芸能界が難しいのは、人によってピークが違う=終わりが読めないことです。たとえばプロ野球選手なら20代、30代がピーク、テニス選手なら30代前半まで、水泳なら10代から20代までというように、体力的なものもあり、ある程度燃焼期間が決まっていますが、それをタレントに置き換えることはできません。

なぜなら、タレントはその年齢に見合う役回りがあり、青年時代には青年時代のピークが、中年時代、老年時代にもそれぞれ青年時代ほど大きくはないかもしれないけれどピークを持ってくることはできるからです。タレントによっては、50代を過ぎてからピークを迎え「いい役者」になれることもあります。

一本のドラマがあれば、赤ちゃんからお年寄りまで役があるわけですから、どこにスポットライトが当たるかわかりません。それは非常に面白い世界だと思いますし、そこがマネジメント側の腕の見せ所でもあると思います。

そして、「喜怒哀楽」ならぬ「喜怒愛楽」をもってタレントと向き合うこと。「哀」を「愛」に置き換えた「喜怒愛楽」は、私の好きな言葉です。役が当たれば一緒に喜べばいいのですが、当たらないときに一緒にがっかりしていたら、タレントとして長生きできません。うまくいかないときでもニッコリ笑って胸を叩き、次の準備をする。それが芸能界で息の長い仕事をしていくためのコツじゃないかと思います。

叱るときは1対1、一度に1つ

タレントが悪いことをすれば、説教もします。ただし、それは1対1で言わなければいけません。本人のプライドを大事にするためにも、ほかに人がいるような場面では絶対にやりません。ときには現場マネージャーも外して、話をする。数の論理があり、現場マネージャーを入れて2対1になると、空気も押されますし、言いたいことも言えなくなるからです。もちろん、その結果どうなったかは現場マネージャーとも共有します。

また、叱るときは1回に一つ。溜めて言うタイプではないので、その場、その場で気づいたら「それはおかしい。こうじゃないの?」と言うようにしていました。そのとき思い出して、「そういえば、この間もこうだっただろう?」と過去の過ちまで持ち出せば、「何をいまさら」と相手も気分が悪いでしょうし、自分がその立場なら言われたくありません。その代わり、その場で完結させたいから感情的に怒ることもあったと思います。

特に新人の場合は、気づいたときに注意しないと悪いクセが直りません。たとえば、台本をしっかり読んでいないとか、作品によってやる気が出ないというとき、現場マネージャーが言って聞かないようなら、チーフや班の責任者が呼び出して注意することもあります。上の人間が言うときはくどくど説明するのではなく、一言、釘をさす。それで十分効きます。

人間ですから気分のムラもあるでしょうが、どんな無茶ぶりをされても嫌な顔一つせずにやってのけるのがプロ。そういうことを乗り越えて、タレントとして成長させていくために、こちらも手を変え品を変え、修正をかけていきます。

プロのマネージャーなら、そんなことをするか？

反対に、売れている子はあまり調子に乗らないよう、引き締めます。タレントが何を言ってもマネージャーが怒らなければ、「この人には何を言ってもいいんだ（自分は何をやっても許される）」と勘違いしてしまいます。その影響は必ず図に乗った本人に戻ってくる。だから、「これ以上は承知しないぞ」というラインを引いてやらないといけません。

たとえば、以前、別の事務所の演歌歌手が、マネージャーか付き人に靴を履かせてもらっているところを目撃したことがあります。いつからそんなことをやっていたのかはわかりませんが、まるでお姫様のように「やってもらって当然」という顔をしていたのが気になりました。

彼女は庶民的で親しみやすい歌を歌う人でした。それがお姫様気取りでは、歌の心をお客様に伝えることはできません。もっとも大事な訴求力がなくなってしまいます。

同じように、マネージャーが傘を差すまで自分では何もしない人、新幹線や飛行機のチケットをマネージャーに持たせる人も見ましたが、子どもじゃあるまいし、それぐらいのことを自分でやらないようでは、タレント生命はそう長く続かないでしょう。

しかし、「やってもらって当然」と思わせてしまうマネージャーにも責任があるのです。新幹線で移動するときも、タレントはグリーン車、自分は一般指定席を取る人がいますが、なぜ自分から上下関係をつくってしまうのかと思います。

私なら、二人とも一般指定席にします。まずタレントと差をつける必要がありませんし、そばにいて仕事の話をしたり、心のケアをしたり、移動中に何かあったらタレントを守るのがマネージャーの役割です。その責任を放棄したら何のためのマネージャーかわかりません。

自分を下に見せるマネージャーは、結局のところ、プライドがないだけかもしれません。プライドとは、プロ意識と置き換えることもできると思います。「プロのマネージャーなら、そんなことをするか？」ということです。プロなら自分を卑下したり、自分の仕事を軽く扱ったりしません。タレントとタレントの仕事を仕切ること。マネジメントすること。そのためのマネージャーであるべきです。

自分の仕事にプライドを持っているマネージャーは、タレントに気を遣う暇があったら、全力でセールスして、タレントをスターにする努力を惜しみません。その上で、タレントが調子に乗ったり、手を抜いたりしたら遠慮なく意見を言います。

もちろんマネージャーとしての経験や実力には違いがあり、一生懸命やったからといって、良い成果が得られるとは限りません。しかし、プライドを持って仕事に取り組むことは誰にでもできます。自分の考えるプロの仕事に妥協しなければ、タレントにもその基準を要求できるはずです。

やる気のスイッチを押せれば「いいマネージャー」

マネージャーの中には、企業という枠を超え、一匹狼（フリーランス）のように立ち回るタイプの人もいれば、タレントの権力にしがみついて幅を利かす人も、売れているタレントにうまく取り入って自分をアピールする人もいて、さながらドラマのようです。

やり方は人それぞれ。ですが、目指すものは同じで、役者を完全燃焼させ（気持ちよく酔わせ）、かつ、視聴者を喜ばせること。要は視聴率を取ることです。こちらから見て、どんなにくさい芝居だったとしても、役者が気持ちよく演じて、視聴率が取れればそれでオーケー。うまくいけば、どんなにくさい芝居でも「それがこの役者のよさだ」ということになります。

世間を巻き込んで、「○○ブーム」を引き起こすことにでもなれば、演じる側も観る側も、お互いに完全燃焼できるわけで、これほど理想的な形はありません。世間的にも評価されればスポンサーもつき、シリーズ化されて息の長い作品になり、タレント寿命もそれだけ延びることになります。


では、視聴率の取れるタレントをどう扱うかというと、それもまた人それぞれです。おだてて乗せるのが得意な人と、売れていても鞭を打つ人がいて、私は後者のタイプでした。どんなに視聴率のいいドラマの主役でも、「お前、そんなくさい芝居ばかりしていたら、そのうち飽きられるぞ」と平気で言っていました。

お世辞は絶対に言わない。ほめることもほぼない。その代わり、本心から「これはよかった」と思えば、視聴率にかかわらず「あの芝居、よかったねえ」と言います。だからこそ、相手も「山田さんがそう言うんだから」と、本当に喜んでくれる。そこにまたお互いの信頼があったと思います。

しかし、いい芝居をするには、やる気のスイッチを入れないといけません。土俵の上（カメラの前）で相撲を取る（演じる）のはあくまでタレントであって、私ではありません。私は土俵に上げて、いい相撲を取らせることを考えるだけで、自分で相撲は取れません。ただし、勝ち負けはマネージャーにも跳ね返ってくる。ですから、いかにいい取り組み相手（台本・共演者・演出家）を連れてくるかが、私たちの第一の仕事です。そして、ベストな状態で土俵に上げるため、体調管理が第二の仕事ということになります。

相手によってモチベーションは大きく変わります。取り組み相手のことを話すときは、「タレントの自尊心をくすぐる」「ライバルを意識させる」「結果を想像させる」「危機感をあおる」など、どの方法が響くかはタレントによって違いますが、いったん土俵に上がってしまえば、がんばるのはタレント自身のためです。勝てる相撲なら、取り口は自分流でいいのです。

やる気のスイッチを押せればいいマネージャー。それは一般企業でも同じではないでしょうか。

マネージャーもテンションを上げろ

この世界にいて、タレントがカメラの前でテンションを上げられなかったら、戦っていくことはできません。

先ほど、「タレントをほめることはほぼない」と言いましたが、私の場合、厳しさと優しさの割合は８対２ぐらいだったでしょうか。生き馬の目を抜く芸能界で、タレントを甘やかしてうまい方向に行くなんてことはまずありません。本人がそんな甘いことを考えている時点で、もうこの世界には合わないんじゃないかと思うくらいです。

それと同じで、この世界にいる以上、マネージャーもいつでもテンションを上げられるスイッチを持っていなければ通用しません。

マネージャーはテレビ局を回って、プロデューサーやディレクターと話をし、仕事を取ってくるのが大事な仕事です。なのに、その日の気分でテンションが上がったり、下がったりというのでは、そもそもプロのマネージャーとして失格です。先ほどの相撲の話で言えば、土俵に上がって「今日はテンションが上がらないなあ。前に出る気が起きない」と思ったら、太刀打ちできない。相撲人生は終わりです。プロとして報酬をもらっている以上、それぐらいの厳しさは持たないといけないということです。

性格的に明るい、暗い、ということは関係なく、テンションが低いと実際にどういうことが起きるかというと、まず、思うように動けなくなります。

マネジメントも企業の営業と同じで量と質が重要です。頻繁に顔を出して顔を覚えてもらい、忙しいプロデューサーにたとえ宣材を目の前でゴミ箱に捨てられようとも徹底して通い続けるタフな精神力は、テンションが高いからこそできることです。その上で、タレントの魅力を熟知し、ここぞという場面でプッシュする押しの強さが必要になります。

ところがテンションが低いと、時間に追われるばかりで量・質ともに低下し、相手にとって影が薄いままパフォーマンスが上げられません。

また、テンションが低いと相手の出方も読めず、言葉のキャッチボールもできませんし、そうなると自分の良さを認めてもらうことも難しくなります。マネージャーの場合、自分の良さとは、情報力です。人間相手の商売ですから、ほしい情報を渡して先方の懐に入らなければ、進む仕事も進みません。タレントはやる気満々でも、それでは宝の持ち腐れです。

その点、女性マネージャーは男性マネージャーに比べておしなべて行動力があり、押しの強い人が多いような気がします。

私も行動力はあるほうだと思いますが、たとえば、会いに行ったプロデューサーが忙しそうに別の人と話をしていれば、約束の時間が過ぎても待っています。私たち男性マネージャーはほぼ全員が待っていると思います。ところが、女性は「〇〇さ〜ん！」と、平気で会話に割って入る。いい意味での図々しさを持ち合わせています。

アポなしで相手をつかまえたいときも、男性ならとりあえず「今、お時間大丈夫ですか?」と聞きますが、女性は相手の都合に関係なく用件を切り出します。そこに躊躇はありません。実際はそれぐらいの厚かましさがあったほうが、仕事はうまくいくと思いますから、男性としてはうらやましい限りです。

マネージャー論としては、報酬をもらっている以上、自分にも厳しさを持つべき。ですが、この世界で女性はますます強くなる。それだけは確実に言えます。

第3章 ホリプロのスターの育て方

ホリプロタレントスカウトキャラバンの舞台裏

第1回のTSCタレントスカウトキャラバンは1976年、私の入社2年目の年にさかのぼります。初代グランプリは榊原郁恵、審査員特別賞は荒木由美子でした。第3回・能瀬慶子、第4回・比企理恵、第6回・堀ちえみ、第7回・大沢逸美と、懐かしい顔ぶれが続きます。

第9回はグランプリが井森美幸で、審査員特別賞が鈴木保奈美でした。第10回・山瀬まみ、第15回・戸田菜穂、第19回・上原さくら、第20回・佐藤仁美、第21回・深田恭子、第23回・平山あや、2000年代に入り、第25回の綾瀬はるか（審査員特別賞）、第27回・石原さとみ、第31回・石橋杏奈、第34回・小島瑠璃子と、戸田菜穂以降は、今も第一線で活躍する女優たちでひしめいています。

深田恭子、綾瀬はるか、石原さとみに至っては、連続ドラマの主役、もしくはヒロインの常連であり、当番制で順番が巡ってくる印象があるほどです。

現在、44回を数えるＴＳＣとは、それだけ有力な芸能界への登竜門であり、またもっとも歴史の長いコンテストでもあります。


のちに堀ファウンダーが語っていますが、ＴＳＣは会社の売り上げが10億円のときに1億円の経費をかけて開催した、まさに社運をかけたイベントでした。

そもそもの目的は、全国に出向いて行って会社名を売り、会社のブランドをつくること。ホリプロは若いタレントが多かったこともあり、会社が親に信用されないとスカウトするのが難しいという事情がありました。それで、会社名をもっと知ってもらおうと開催したのです。

結果的に、榊原郁恵、堀ちえみ、井森美幸、山瀬まみ、鈴木保奈美、深田恭子、石原さとみという才能あふれる少女たちをスカウトできたことで、狙い通り会社の知名度も上がりました。ホリプロがここまで大きくなったのは、ＴＳＣを続けてきたからとも言えます。

スカウトキャラバンと名がついている通り、オーディションは北海道から沖縄まで全国を回ります。応募総数は毎回違いますが、歴代の平均は40，000通を超えるのではないでしょうか。

私が審査員をしていた当時はまず書類審査を行い、一次審査からは地方予選が開催されました。ちなみに書類審査でよくあったのは、自分ではない人の写真を送ってくることでした。保奈美のときも、ものすごい書類の中から「あ、この子はいいな」と思いましたが、期待が大きいほど、別人が会場にあらわれたときの失望も大きいものです。このときは本人が来てくれて、本当によかった(笑)。面白かったのは、風船ガムをふくらませて、顔がまったく見えない写真を送ってきたケースです。「これはユニークな発想だ」と思って、書類を通した記憶があります。

さて、話を元に戻しましょう。地方予選で一人に与えられるのは30秒くらい。そこで自己PRをしてもらいます。特に都市部は応募者数も多いので、流れ作業のように審査を進めることになります。

たった30秒でその子の魅力は伝わるのか？ と思われるかもしれませんが、短い時間でも、「目」と「歯」を見ると、「残したい子」がピックアップされてきます。その子の目を見て、惹かれるものがあるかどうか。目を見ただけで、無限の可能性を感じるオーラを持った子はたしかにいるのです。

また、歯の自然な美しさはタレントの顔の印象を左右する重要な要素。ドラマなどでは食べるシーンで口元がアップになることも多く、歯並びが良く、白い歯がのぞいているだけで、その人の育ちのよさと品を感じさせます。目は生まれ持ったものですが、私の中には、歯の手入れがしっかりされている＝親に愛情深く育てられたという方程式があります。

あとは、自分の番が終わって席に戻ったときの表情をよく見ていました。審査のときはみんな緊張するので笑顔もこわばっていますが、席に戻り、ほっとした瞬間、その子の一番やわらかい表情が出てくるのです。「ああ、この子はいい表情をするな」と思う子も残していきました。

第二次審査になるとワンフレーズ歌ってもらったり、話を聞いたりします。そこでは性格を見ることが多かったですね。

自信のある子は前髪を上げて額を見せている子が多く、前髪を垂らしている子は、反対にちょっと消極的な子が多かった印象です。気になる子は前髪を上げてもらったりしました。

あとはやはり顔立ちとスタイルに目が行きました。顔立ちははっきり言って好みの問題です。私は理知的で清楚な顔が好みでしたから、自然とそういう子にいい評価をつけていました。

スタイルは太っている、やせているというのではなく、姿勢の良さがポイントです。芸能界に入ったあとは、嫌でも人の目を気にして自意識が働くようになり、顔つきもスタイルもどんどん垢ぬけていきますが、姿勢の美しさはそうではない。親のしつけに通じます。しつけが行き届いた子であれば、こちらが教えなくても、あいさつや礼儀もできるだろうと想像できます。もちろん、立ち姿、歩く姿が美しいと、それだけ好感度も上がります。


いろいろ述べましたが、審査員として求められていたのは、まだ磨かれていない原石の状態をどう見るかということです。

オーディションの時点では小中学生で、表情も幼く、顔立ちもふっくらした子が多いですが、目鼻立ちを見れば、「17、18歳になったらこの子は美人になるだろう」というのは経験上、想像できます。

いくつかの予選を勝ち抜き、最後は東京でファイナリストたちの決選大会が行われるわけですが、最終的には、自分がその子に責任を持てるかどうかです。地方予選からずっと見てきた上で、「この子が自分のタイプかどうか」ということかもしれません。

先述しましたが、この世界は努力もしないといけませんが、努力だけでは通用しません。マネジメントの力、さらには運も加わって開花する。もし歯並びが悪くても、「どうしてもこの子の面倒を見たい」と思えば、デビュー前に矯正するなどしました。

タレント方針会議でビジョンを描く

グランプリを獲ったのちは、この子をどうキャラクター付けして、どういうポジションで生かしていくか。どういう路線を引いてあげるかということが、彼女たちの将来に大きく影響しますし、売れてスターになれば会社の運営（利益）にも関わってきます。

戸田菜穂の場合は、「品のあるお嬢さん」というコンセプトでした。その品の良さはつくられたものではなく、本人の実家が歯科で、しっかりしたご両親の下で育った生粋のお嬢様だったのです。余談ですが、菜穂の夫も医師。菜穂の弟、妹ものちに歯科医になっています。

ＴＳＣでグランプリを獲ったときはまだ16歳、広島の高校生でした。女優としての華はありましたが、どちらかと言えば清楚なタイプで、「私が、私が」と前に出なくてはいけない芸能界にはいないシャイでおとなしい子でしたから、社内には「この業界で本当にやっていけるのか」という声もあったくらいです。

ですが、ホリプロが「品のあるお嬢さん」という路線を打ち出したことで、キャラクターが印象付けられ、各局もそれを前提に〝使う場所〟を考えてくれるようになりました。

鈴木保奈美のコンセプトも、「利発で、清潔感のあるお嬢さん」でした。それは、私自身が好きなイメージでもあります。自分が育てる以上、理想とする女性像を投影したいという想いはありました。

また、鶴見辰吾だったら、清潔で爽やか、「こういう男の子だったらうちの子と交際させたい」というイメージで育てようというのが最初の方針でした。ですから、雑誌の取材でも、白いコットンシャツやポロシャツを着て、〝理想の子ども〟の路線を崩さないように配慮していました。

毎年4月、ホリプロにはそうした「タレント方針会議」というものがあり、基本的には、担当のマネージャーがビジョンを発表し、そこに出席者が質問を投げかけたりアドバイスをしたりして、大筋を決めていきます。

たとえば、「今、売れているこういう人（ベテラン）がいる」「将来は、こういう女優にするんだ」「そのために、今、こういうアプローチをしている」「実際にこういう話が来ている」ということを発表し、みんなで揉むのです。

最終的に目標にするタレントが60代、70代だとしたら、その人のたどってきたプロセスを全部見直し、今の時代に当てはめて「どう後追いするか」検討する場合もあります。そこでベテランチーフマネージャーから「だったらこうしたほうがいい」という意見が出されたり、捕足したりしながら育て方を検討するのです。

そこで出てくるのが、堀ファウンダーの言葉でもある「柳の下にドジョウは3匹までいる」。これまでの成功例に従って、育てていく方針が立てられるのです。

方針会議後に大事になるのが、「台本を読む力」です。「この子はこういう役をやらせる」と決めたら、ワンシーンでもいいので、「これだったらキャラクターが視聴者の印象に残る」という台本にしかOKを出さないのです。私たちは、本を読んだ段階で「このシーンでこの子は生かされるのか？」という読み方をするわけです。

ところが、準備稿の段階ではあったシーンが決定稿でなくなっていることもあります。それで、タレントを降ろす、降ろさないというやりとりが起こります。少なくとも、「このワンシーンがあったから、こちらはOKしたんだ」という申し入れはします。実際に降ろしたこともあります。決定稿が上がってきて、「この台詞がないんじゃやる意味がない」と引き上げました。

「繊細かつ大胆」に振る舞うのです。慎重に事を進めても、いざというときは大胆な決断を下せるのが、プロのマネージャーです。繊細さと大胆さが同居しているマネージャーが、タレントを成功させるのです。

熟慮に熟慮を重ね決断をし、たとえ失敗したとしても反省はするが後悔はしない。それが私のモットーです。

タレントを守るためには嫌われることもありましたが、言われたことを全部「はい」と言う必要はありません。イメージを維持するには、「NO」を言わないといけない場面が必ず出てきます。

いったんOKしたものをひっくり返すのは勇気も必要です。しかし、その姿勢を崩してしまったら、タレント一人守ることもできません。その行動が、ひいてはホリプロ全体を守ることにつながるのです。

キャラクター路線から半歩ずらす

ただ、あまり一つのパターンで押し続けるのはよくありません。ときどき変化球を投げることも必要です。

たとえば、「笑わないキャラ」だとしても、雑誌のインタビューなどでは笑顔の写真も出して、別の印象をはさんでいくことで面白みを出すのです。タレントといえども商品ですから、「こんなにチャーミングなところもあるんだな」と読者に思わせないと、すぐに飽きられてしまいます。

また媒体によって、読者ターゲットがはっきりありますから、その読者に対してどういう顔を見せていくのかというのもマネージャーの仕事です。そのタレントより年上の女性が読んでいるならちょっと甘えた感じを出すとか、若い子なら逆にキリっとさせるとか。臨機応変に判断して好感度を上げるのも仕事の一つです。

鈴木砂羽はデビュー作の役柄がＳＭ女王で、さらに過激なヘアヌードという、ホリプロらしからぬ衝撃的なキャラクターでした。

映画に関しては最初からコンセプトが決まっており、私のマネジメントの信条には反しますが、そのオーディションで砂羽という逸材を見つけたので、デビューだけはどうしようもなかったのです。そこからは、服を着せる方向にどんどんイメージ転換していきました。

もともとサバサバした性格の子だったので、「ユーモアのある明るいキャラクター」に路線を変更。のちにバラエティー番組にも起用されるようになりました。女子美出身で、ご両親も画家。「彼女の絵の才能をどうにか生かせないものか」と思っていましたが、とうとう漫画家でもデビューしましたね。

戸田菜穂の例で言えば、品のあるお嬢さんキャラから、突然、天然キャラに振ったこともありました。

フジテレビの『お願いデーモン！』というドラマで、酔っぱらうとひょうきんになる役をやらせました。ところが、そのドラマの視聴率が期待通りに取れなかった。ちょうどＮＨＫの『ええにょぼ』が終わったあとです。朝ドラは若いときから歳を取った晩年まで演じるので、「品のあるお嬢さん」キャラとしては歳を取ったイメージはマイナスです。それで変化球を投げて、若いイメージに戻すつもりがやりすぎて失敗してしまった。あまり振りすぎてもダメだというわかりやすい例です。

朝ドラのあとは争奪戦で、次に何をやるのかは視聴者にとっても大きな興味の対象だっただけに、判断を見誤ってしまいました。ただ、これもやってみないとわかりません。それが逆に話題になり、「戸田菜穂は、こんなユニークな役もできるんだ！」というところをプロデューサーに見せることができた。それはそれで効果があったと思います。転んでもただでも起きないのが芸能界です（笑）。

鈴木保奈美も、トレンディー女優の頃、時代劇に挑戦させて失敗したことがあります。ＴＢＳと大映テレビが勢いのあるときで、大河ドラマに対抗しようと時代劇をつくることになり、保奈美にオファーがきたのです。大映テレビには百恵をはじめ、鶴見も井森もお世話になったので「じゃあ、やりましょう」となった。

ところが、最初の数話、彼女の子ども時代の回ですでに視聴率が下がり、保奈美が出る頃にはドラマの打ち切りが決まってしまったのです。しかし、ズラが合うとか合わないとか、視聴者の反応も見られましたし、長い目で見れば別の時代劇にもつながりました。もちろん出たドラマがすべて成功するのが望ましいですが、さまざまな要素を絡めながら、失敗しても次への布石を敷いていくことが重要だと思います。

少なくとも、〝半歩ずらし〟はやっていかないと、人は飽きます。毎日ステーキばかり食べていたら、お茶漬けを食べたくなるのと同じです。

しかし、変化球も投げすぎると失敗する。一回コケたら、次はイメージ路線に戻して、また機会を見つけて半歩振っていくということです。これは一般企業の商品広告でも同じことかと思います。

キャスティングボードを握る

ホリプロのような大所帯のプロダクションには有名なタレントもいれば、無名のタレントもいます。無名のタレントを世に出すためには、有名タレントと抱き合わせ（バーター）で、複合的に売っていくしかありません。

私が鶴見辰吾のチーフマネージャーをしていたとき、『3年B組金八先生』で話題になり、その後、「鶴見を主役に」というドラマのオファーが連続して来たことがあります。そこに鶴見と一緒に、次に売り出したいタレントを同級生役とか、兄弟役などでキャスティングしてもらうわけです。

鶴見のおかげでほかにもたくさん情報が入ってきました。自分がチーフでマネジメントしていると、行く先々で鶴見の話題になります。それで、いろいろな局のプロデューサーたちと親しく話をするうちにある程度の「顔」が利くようになり、新しい番組の情報をもらっては、鶴見を軸にセールスするということをやっていました。

売れているタレントを自分が担当すれば、それだけ多くのキーマンとつながることができます。たとえば、百恵に1年付いて知り合う人の数と、なかなか売れないタレントに30年付いて知り合う人の数は、ほとんど変わらないというぐらい、売れているタレントとの差は歴然としています。

売れているタレントの数が多いほど、当然ですが仕事も集まってきます。「この企画をどうしても○○さんでやりたい」「写真集はどうですか？」「歌をやりませんか？」「映画でこういう役があるのですが」…それに対して取捨選択するのはこちらです。最初は一生懸命セールスしますが、売れたら今度は自分がコントロールタワーになれるのです。

一度キャスティングボードを握ったら、重要なのは、スター、もしくはブレイクした子の場合は絶対に主役以外、譲らないことです。

主役でない場合でも、たとえば「主役が40代」なら、「20代の出演者の中でトップ」

でないと、キャスティングボードには載せません。これを守っていると、必ずそのポジションでしか声がかからなくなります。

反対に、一度でも格下のポジションでOKしたら、「このタレントは下でも受けるだろう」と足元を見られるようになります。「この局では受けたのに、なんでうちはダメなの？」となって、だんだん位置が下がっていくのです。

二番手から一度でもトップに来たら、そこからは絶対降ろしません。デビューのときは二番手、三番手でも仕方ありません。戸田菜穂のように、いきなりデビューが主役なのはレアケースですから、下から主役クラスにポンと上がったら、もう逃がさない。こちらはトップを死守するというのが、私のセオリーです。

ただ、オファーが多いということは、断る仕事のほうが多いということ。大事なのは断り方を間違えないことです。人気というのは上がれば、必ず落ちます。いい加減な対応をしていると、そのとき相手にされなくなるのです。

図に乗った若いマネージャーが、「無理、無理、そんなスケジュールなんてないよ」とオファーを無下にするシーンを見たことがありますが、プロデューサーも人間ですから、嫌な思いをさせられたら、次は相手にしてくれません。

仕事をいかにうまくていねいに断るか、そして、YES・NOの返事が大事。これは堀ファウンダーがよく言っていたのですが、「特にNOの返事は早くしろ」。YESは多少返事が延びてもいいけれど、断る場合は、期待に沿えないわけですから、早く結論を出してあげないと、相手に迷惑がかかる。だから早くせよと。

私はそれをずっと守り続けてきて、業界でもいろいろな人に「山田さんは返事が早い」と言われますが、やはりそれが一番だと思っています。

効率よくスターをつくる

ホリプロは、「いかに効率よくスターをつくるか」に価値を見出す会社です。中途半端なタレントをたくさん集めて会社経営しているわけではなく、いかにスターをつくるかに重きを置く。それが会社の姿勢です。
マネジメントの立場で言えば、自分の時間が1日たった24時間しかない中でいかにスターを育て、会社経営に役立つかということです。

山田班を率いていたときのタレントの数は、多いときで30人。それを自分が全部面倒を見られるわけではありません。人に任せて失敗したこともありますが、部下に任せる以上、自分が動き回ってはいけません。よく「忙しい、忙しい」と言っている上司がいますが、上司が忙しいということは、人を動かしていないということ。自分が動けば相手の感触もわかりますが、それでは効率になりません。

私は要所、要所で出ていけばいいという考えでした。現場に行って顔を見て、「元気?」「大丈夫?」と聞いて、「はい」と返事をする頃にはもういないので、タレントからは「5分の男」と呼ばれていました(笑)。
タレントは売れている、売れていないに関係なく、子どもと同じでみんな「自分だけを見てほしい」「自分のところにだけ顔を出してほしい」と思っています。だから、

5分だけでも「来たよ」という足跡を残すようにしていました。5分以上はいないというのも、やり続けていると習慣づけられるもので、初めは「え、もう帰った？ 何しに来たの？」と思っても、そのうちそれが当たり前みたいになるわけです。30人いるタレントをだいたい一週間で回るようなペースでした。

ほかにもドラマの顔合わせや舞台の初日、打ち上げなどには必ず顔を出しますが、それで十分。現場にはりついて無駄なおしゃべりをしているより、新しいプロジェクトを進めたり、キャスティングの交渉をしたりするほうが、よほどタレントのためになります。

たった5分といっても、タレントの表情を見れば元気で仕事をしているか、現場マネージャーとうまくいっているかは判断できます。また、その場の空気で、番組の共演者に溶け込んでいるか、まわりとコミュニケーションを取れているかもわかる。ちょっとまずいなというときは、もう少し様子を見て本人と話をしたり、「このあと、ちょっと飯でも食おうか」ということもあります。

食事をしながら、お酒を飲みながらというときは、1対1ではなく、なるべく現場マネージャーも同席させて、和やかな雰囲気の中でケアするように心がけていました。

仕事の数とタレントの成長は比例しない

効率よくスターをつくる＝仕事の数を増やせばいいかというと、そうでもありません。名わき役と呼ばれるような、役者としてよほどすばらしい個性を持っていれば別ですが、そうでないと、欲張って忙しくさせることで、かえって潰れてしまう可能性もあります。

昔、忙しいタレントは一日に何本も仕事をこなしていました。それこそ山口百恵なんて、歌にドラマに映画にと、スケジュールが詰まりすぎて、ジェットヘリを飛ばして仕事をしていたくらいです。鶴見辰吾も、ＴＢＳでドラマを掛け持ちしていたときは、電車やタクシーでは時間的に移動が難しい。そこで、プロのレーシングチームに頼んで、オートバイの後ろに乗って、現場を移動していた時期がありました。

今は、主役クラスでもドラマは1年に1クールぐらいではないでしょうか。主役級のドラマを何本も掛け持ちするということは、台詞の量も膨大になり、とても覚えられるものではありません。昔のフィルム撮影なら角度を変えて何度も同じシーンを取るため、台本をそばに置いて、そのシーンごとに短い台詞を覚えればよかった。その場、その場の演技のほうが感情が入り、いい芝居ができるというタレントもいました。

でも今はデジタルの時代ですから、そういうわけにもいきません。役に入り込むタイプの子はうまく切り替えができず、Ａという役を引きずったままＢの現場に入ることになり、そのダメージは精神的な消耗にとどまりません。

キャスティングボードを握っているとはいえ、自分たちから作品を仕掛けるわけではなく、向こうが出してきたお膳に乗るのがこちらの立場です。立て続けに仕事が来たときは、「これならば、ぜひやりたい」という作品を取捨選択することが、マネジメント側の務めになります。

やりたい仕事とは、タレントがもう一段階、役者として成長し、世間からも評価される仕事です。その子の路線と合っているかが前提ですが、いい作品であれば変化球もありです。「この監督とだったら」「この演出家の作品なら」「この脚本家の書くストーリーなら」やらせたいと思う。

数を取るのではなく、「正しい目で選ぶ」ことのほうが大事なのです。

石原さとみは、今や主役かヒロインしかオファーが来ない売れっ子女優の一人で、絶えずいろいろな企画が来ていると思います。

主役をやらせる場合は、脚本家や演出家が誰かということはもちろん、どの局の何時の枠かを気にする必要があります。この業界の習わしで、4月、10月クールは番宣の数も多く、強力な主役が配される傾向があったので、主役間もない頃は、あえて1月、7月クールを狙っていたと思います。強力なライバルがいない分、勝ち目があると踏んだのです。

圧倒的に強いライバルと同じ土壌で戦えば、勝ち目が低いばかりか、ライバルと比較され、かえって評判を落としてしまう可能性もあります。言ってみれば無益な戦いです。そうであれば、ライバルの少ないところで伸び伸びと演技し、彼女の持つキュートな個性や頭のよさを評価してもらったほうが何倍も価値が上がります。

その戦略が功を奏し、今では押しも押されもせぬスターの仲間入りをしました。さとみはデビュー後、どんどん成長を続け、今や演技も自由自在の印象がありますす。コミカルな演技もできるし、色っぽいし、どんな役もこなす。役者というのは多かれ少なかれ「ここは苦手」というものを持っているものですが、さとみには粗がない。変幻自在です。役者としてはちょっとすごい領域に入ってきたなと思います。

あきらめることも仕事

マネジメント側としては一人でも多くのスターを輩出したい。ただし、育成をあきらめることも必要です。

プロダクションはタレントの人生を預かっています。一日、一日がその人の寿命と重なっている。一日を無駄に過ごさせることは、人生を無駄にしているのと同じです。

たとえば、ドラマのその他大勢の役から長い間抜け出せず、低迷しているタレントは売り込みが難しい。主役とくっつけて何とか出してということもやりますが、業界用語で言う「バーター」だけになったら残念ながら次の目はありません。

夢を追いかけるだけで飯は食えません。人生には限りがある。タレントとマネージャー、双方がどんなにがんばっても仕事が続かなければ、どこかで踏ん切りをつけないといけません。

先ほども言いましたが、女性の場合は結婚によってまた違う人生が開けるかもしれません。しかし、男性は違います。売れない芸能人をやり続けて、40歳を過ぎて引退して、それからどんな仕事に就けるでしょうか？　家族をどうやって養うのか、キャリアアップはどうするのか、タレントの未来を考えたら、その前に引き際を示すのもプロダクションの務めと言えます。

ホリプロは会社組織ですから、その場合は契約解除ということになります。会社として見切りをつける＝リストラするということです。悔しいですが、本人に直接、「実は会社から契約解除を言われている。俺もそう思う」と最後通告します。

中には「アルバイトをしてでも辞めたくない」という人もいます。ただ、ほかの事務所を紹介しても、引き受け手はそうそうありません。タレントは商品ですから、ある程度、利益を生まなければいけない。ホリプロで可能性がなかった商品を、小さな事務所が市場に売り込めるかというと、難しい話です。

もちろん個人的にその先の相談には乗ります。ただ、会社員である以上、分不相応の応援はできません。たとえば「飲食の勉強をしたい」と相談されて、個人のできる範囲で知り合いの店でもあれば紹介もしますが、金銭的な面倒までは見られません。「この先どうするの?」と本人の希望を聞いて、「それがいいね」で終わりです。

リストラのことを考えると眠れないこともあります。ですが、その人に家族がいればなおのこと、早く新しい別の人生を見つけて、歩んで行ってくれることを願うばかりです。

堀ファウンダーの教え

「世の中の半歩先を見ること」は、堀ファウンダーから教わったことです。

一歩先まで行ってしまうと、まだ誰もその存在に気づいていないため、失敗する確率も高い。でも、半歩先なら多くの人がうすうす気づき始めている。そこにこそ成功があるというものです。

実は、私は一歩先を行って、手痛い失敗をしたことがあります。１９９６年に「伊達杏子ＤＫ‐96」というバーチャルアイドルのプロジェクトを担当し、ホリプロ所属のタレントとしてデビューさせたのです。

「21世紀のマルチメディア時代に対応する、時間に縛られず活動できるタレント」が欲しいと思ったのが構想のきっかけですが、当時、アニメやゲームのキャラクターが人気を集める中、３ＤＣＧアイドルも受け入れられるのではないかと見込んだのです。

動きは、その頃の最新技術だったモーションキャプチャを使いました。今でこそＣＧアニメ映画などで頻繁に使われていますが、人の動きをデジタルで記録するその機械が当時はロサンゼルスにしかなく、ロスまでわざわざ行って外国人ダンサーに踊ってもらい、その動きを３Ｄキャラクターに反映するという凝りようでした。「伊達杏子」の開発には、私を入れて社員10人、技術スタッフ延べ50人を投入。初期投資も数千万円という大きなプロジェクトでした。

ところが、髪の毛がバサッバサッと束でしか動かない。動きも不自然でリアリティーがないと指摘され、デビュー前は海外メディアからも大きく注目されていたにもかかわらず、わずか数カ月で活動停止に追い込まれました。病気をしない、スキャンダルもない、世界中どこへでも同時に露出できる、「夢のタレント第一号」という設定は決して間違っていなかったと思うのですが、時代が早すぎたと言うしかありません。（※伊達杏子はその後、バージョンアップして2代目、3代目が生まれ、現在は杏子の娘、伊達あやのが活動を続けています）

しかし、堀ファウンダーは、「人がやらないことで失敗するのはかまわない」と考える人でした。「トライ&エラーはＯＫ。その代わり、人のまねはするなよ」と言っていました。

堀ファウンダー自身、アイデアマンであり、考え方もアメリカナイズされていて、いろいろなことを仕掛けた人でした。ＴＳＣはその最たるものかもしれませんが、81年にミュージカル『ピーターパン』の上演を発案し、日本初の「フライング」を採り入れ〝斬新な舞台〟として成功させました。主演も榊原郁恵から相原勇、高畑充希など、何人にもわたって交代しながら40年近く上演を続け、今ではなくてはならない夏の風物詩になっています。

「３人娘」を仕掛けたのも、もちろん堀ファウンダーですし、ホリプロを上場させ、芸能プロダクションを近代化させたことも大きな功績でしょう（２０１２年、経営の自由化を目指して上場廃止）。堀ファウンダーに先見性があったから、私たちもいろいろなアイデアを出せたと思います。

「李下に冠を正さず」＝「自分の行動は常に用心深くし、人に疑われるようなことをしてはいけない」といった、人として正しい生き方も教わりました。

私は、いつかこの人を追い越したいと思ってきましたが、結局、追い越すことはできなかった。今でも自分にとっては「たった一人の師」だと思っています。

第4章

結果を出すマネジメントの秘訣

マネージャーの敵とは？

私は、マネージャーには仕事に対する3原則があると思っています。「一つ、タレントをだめにする仕事は、どんなにお金をもらってもやらない」「二つ、タレントを飛躍的に大きくする仕事は、どんなにお金が安くてもやる」「三つ、お金がもらえて、損も得もしない仕事は、基本的にやる」というものです。これはその後、『ホリプロの法則』とも言われるようになりました。

しかし、原則通りに動いても、うまくいかないこともあります。マネージャーにとっての一番の敵は、やはり自分の担当するタレントの仕事がないことです。スターになるためにこの世界に入ってきたのに仕事がない、こんなに寂しいことはありません。

特に、一度、注目を浴びた人間は、麻薬と同じで人に注目され続けないと依存症患者のように自分の心をコントロールできなくなってしまうこともあります。人気があるときはファンをわずらわしく思ったはずなのに、振り向いてくれる人がいなくなると、途端に暗いトンネルに入り込んでしまうのです。

仕事がないことをマネージャーのせいにして、責めてくるのはまだいいほうで、自分から過去の恋愛をＳＮＳでぶちまけ、わざと炎上させるようなネタを提供してまで注目を集めようとする人間もいます。

女性・男性問題などは、昔のプロなら絶対に黙っていたものですが、今はそんなモラルもなくなって、簡単に人に漏らしてしまうルーズさがある。プロのタレントとはどういう立場なのか、取り扱う人間によってネット社会がどれほどの弊害を及ぼすのか認識していない、脇の甘さも感じます。

ですが、タレントがいい人間だからといって、仕事がくるわけではありません。20代で主役を張ったり、話題作で大役を務めたりして、「常に仕事が待っている状態」だった人が、30代になると熱烈オファーが減って、仕事が一段落したような状態になる、それはよくあることです。ふと気がつくと、最近まで自分が座っていた席には別の若い俳優が座っており、「自分はもう求められていないのか？」と疑心暗鬼になってしまう。しかし、年代ごとに求められる役は変わります。いつまでも同じような役ばかり回ってくるほうがおかしいのです。

また、時代によって「正統派の二枚目が主役になる」とは限りません。お世辞にも美男子とは言い難い西田敏行さんが『池中玄太80キロ』（1980年）の主役になったとき、世間は一瞬「あれ？」と思ったはずです。ですが、演技のうまさ、物語の面白さに引き込まれ、すぐに西田さんを主演俳優として受け入れました。その後は大河ドラマの主役を張るなど、代表作を重ねていきました。

草刈正雄さんは、甘いマスクで颯爽とデビューしましたが、逆に若い頃の「二枚目路線」から抜け出せず、長い間不振にあえいでいました。それが2014年の三谷幸喜さんの舞台で下町の床屋の親父という、およそ似つかわしくない役を皮切りに、大河ドラマ『真田丸』の真田昌幸などを経て再ブレイク。先の朝ドラ100作目『なつぞら』のおじいさん役も好評で、60代を迎えて幅広い役にチャレンジし、大忙しの俳優になりました。

俳優はいつ、どこでスポットが当たるかわかりません。ずっと脚光を浴び続けるスターはほんの一握りしかいないのです。

では、マネージャーとしてどうすればいいかというと、「タレントを腐らせない」ことです。厳しい時代が続くと、俳優は本当に寂しい思いもするし、弱気にもなります。でも、やけになったら終わり。再び巡ってくるチャンスを待つために、ＭＣでもいいし、旅番組のレポーターでも、バラエティー番組でも、ナレーションの仕事でもいい、とにかくこの世界で仕事をつないでいくことです。何か趣味があれば、とことん詳しくなって、「○○俳優」と呼ばれてもいいと思っています。

その間に、人として熟成させておく。俳優としての成長や前進はできなくても、自分を磨くことはやめず、人の何倍も努力してそのときを待つのです。

ただし、俳優としてのポジションを落とすのだけはよくありません。うまくいかない時期は「どんな小さなわき役でもいいから芝居がしたい」と本人は言いますが、一度ポジションを落とせば、二度と浮上できないかもしれない。以降はその他大勢の扱いしか受けられなくなります。

SNSを管理する

私たちにとって一番の敵が、仕事がないことだとしたら、味方は仕事があること。それも私たちが欲しい仕事があるということでしょう。売れればこちらから動かなくてもさまざまなアイデア、企画が持ち込まれますから、そこからセレクトできる、思うようにマネジメントできるというのは最高のことです。

しかし、欲しい仕事がくるような布石を打っておくことも忘れてはいけません。今はTwitterやInstagram、FacebookといったSNSが全盛期ですが、舞台やCMのキャスティングの段階で、そのフォロワー数を気にするスポンサーもいます。フォロワー数の多さが舞台の観客動員数やCMの効果などに影響するのも事実で、一人でも多くの人の目に触れるのが重要な舞台の告知などにおいて、拡散性も高いSNSは最適なツールと言えるでしょう。

この頃は、SNSで人気のタレントが知名度・好感度をアップさせ、仕事の幅を広げる場合も多く見受けられます。この先は、TikTokみたいな個性や創作性の強い動画からもスターが出てくるかもしれません。

その一方で、SNSはブログと違い、写真やコメントをアップしてもタイムラインですぐ過去のものになってしまうため、こまめに投稿することが必要です。そのため、ブログのようにプロダクションで事前にチェックしたり、マネージャーの承認制にしたりすると記事が古くなってしまう＝タレントの自己責任で発信することになる。これがいわゆる「炎上」のもとにもなるわけで、SNSをやる以上は、マネジメント側にも変化が求められるところだと思います。

たとえば、極端な例として、世間で「理想の花嫁候補」と言われている好感度の高いタレントが、SNSでの発言で、実は素行の悪さが暴露されてしまったとしたら、別のタイミングで良いイメージを植え付けるようなコメントや記事を出して、悪い噂を薄めていく「火消しの作業」も必要でしょう。

ＣＭ撮影などに関しては守秘義務も多く、情報を出すタイミングを一度でも間違えてしまえば、イメージダウンどころか会社の信用までなくしてしまいます。

また、言葉の使い方一つで簡単に足元をすくわれ、タレント生命を脅かされることもあります。性質の悪い書き込みをする人たちにとって、タレントの不用意な発言は格好のエサ。だからこそ、書いていいことといけないことをはっきりさせる。今の時代に合うタレントへの教育が必要になるでしょう。

ＳＮＳをうまく利用した人が勝つ時代に、マネージャーがタレントをリードし、目的に応じてツールを使い分けるなど、データを活用したタレントのブランディングを行うのも、これからのできるマネージャーのあり方かもしれません。

売り込み先の情報を集めて一覧表にする

マネージャーの努力なしに売れるタレントはいません。マネージャーの努力とは、自分の足を使って歩くことです。各局をくまなく回り、タレントを売り込んだり、知り合いのプロデューサーをつかまえて1年先の情報まで出してもらうこと。

私の時代は、そうやってずっと付き合ううちに、助監督が監督になったり、アシスタントディレクターがプロデューサーになったりして、自分のネットワークがどんどんいい形で広がっていき、情報量が増していきました。

そこで得た情報を1年間のスケジュール表（編成一覧表）にするのです。たとえばドラマならだいたい3カ月ごとに変わるわけですから、各局のこの曜日・時間の枠はタイトルが何で、誰がプロデューサーで、演出は誰で、主役が決まっていれば誰で…

と書き込むわけです。バラエティー番組なら誰がMC候補で、こんなテーマでとか、この枠は代理店が買い取っているとか、その表を見れば、各局の動きが1年先までわかるようになっていました。

ホリプロでは定期的にチーフ会議を開き、各班の情報を照らし合わせて、さらに表を埋めていきます。そして、「こういう企画ならこいつとこいつを売り込めるな」と判断し、今度はそれを現場マネージャーに下ろして、仕事を取ってこさせるわけです。

ときには別の班に似たタイプのタレントがいて、ライバル関係にあれば、ホリプロ内で競争になることもありましたが、それはプロダクションとして活気がある証拠。それをお行儀よく、「そっちが先にセールスに行ってるんだから、今回はこっちが引くよ」と言っているようではマネージャーとして失格です。

どちらの班のタレントがその枠を取るか、正面からぶつかって勝負する。それが芸能界の仕事のやり方というものでしょう。

ただし、ライバルに勝つための必勝法などというものはなく、相手に選ばれるかどうかはタレントの魅力しかありません。どちらを使いたいか、選ぶのはわれわれではないのです。

勝負に負ければもちろん悔しい。しかし、その悔しさが次のバネになることもありますし、そこでしょんぼりしていて生きていける世界でもありません。悔しがっている暇があったら、大事なタレントのためにも、新しい売り込み先の情報を取りに行くのがマネージャーの仕事です。

余談ですが、マネージャーとしてのピークは、だいたい40歳前後、アラフォー世代ではないかと思います。情報を取りに行く相手、売り込みに行く相手は、下が現場を仕切り始めた28歳ぐらいから、上は局の実権を握っている52歳ぐらいまでとすると、40歳はそのちょうど中間、干支で言えば一回り上と一回り下です。すると、ジェネレーションが離れすぎず、近すぎず、経験値としてどちらとも円滑なコミュニケーションが取れるのです。

これがもっと上の年齢になると、実力者とは仲がいいけれど、自分も現場を離れ、若いマネージャーに現場を任せている手前、余計な口出しはできず、反対に下の年齢では、現場とは仲良くできても、キャスティング権を持っている人と対等にわたり合えるほど自分の立場が強くない。

つまり、40歳ぐらいが上から可愛がられ、下を可愛がって信頼され、思うように仕事が決まる、一番脂がのった年齢ではないかと思うのです。

一般企業の場合、ピークはもう少し上の年齢だとは思いますが、リーダーシップを取り、チームがうまく機能する時期というのは、どの世代ともジェネレーションギャップを感じない年齢なのではないでしょうか。

マネージャーと役員秘書の共通点

マネージャーには情熱が大切だという話は何度かしましたが、いろいろな話題を提供できることも大事な要素の一つです。今、世間で何が流行っているのか、世の中の人がどんな方向を見ているか、常にアンテナを張って、新鮮なネタを仕入れておくのです。ちょっと前なら「バスクチーズケーキが流行っている」とか、いろいろあると思います。

相手から「この人と話をすると、いろいろな話題が吸収できるから面白い」と思われたらしめたもの。情報を知りたいから会う時間をつくってくれるし、こちらはこちらで、ついでに仕事の話をしたいということで、良いコミュニケーションを紡いでいったように思います。

脂がのっている時期は、それこそテレビ局の方たちと食事に行く機会もよくありました。そのお店選びも重要で、高くて美味しい店は当たり前なので、雰囲気がいいのにリーズナブルで味がいい店をいかに見つけてくるか。「こいつ、センスいいな」と思われる店をいくつ知っているかが評価のポイントだったように思います。そこはタレントにも一役買ってもらい、いい店を見つけたら、事前にタレントを一回連れて行くと店側も覚えてくれるので、何回かお邪魔するうちに、大事なお客様を連れて行くときは、連絡すれば仮に満席でもＶＩＰ扱いで席を用意してくれるようになります。

「山田が連れて行く店は、いつもいいんだよな」と思われることもマネージャーの資質なのだと思います。

反対に、相手にご馳走になったとき、おしゃれな手土産でも渡せたら、マネージャーとしてはまた格が上がります。一流企業の役員秘書が、取引先との食事会に必ずお土産を用意するのと同じです。手土産一つでもセンスが必要で、和食のお店なら洋菓子、フランス料理なら和菓子というようにさりげなくお店にも気を遣い、先方の顔も立てるのがセンスなのだと思います。

秘書も役員のマネージャーであり、役員がいかにまわりからよく見えるようにするかが秘書の腕の見せ所でしょう? 店を決めるときは段取りよく、別れ際、最後の最後まで気を遣って先方を満足させる。芸能界のマネージャーにも同じようなことが求められるのです。

また、そのときの自分の魅せ方も重要です。やはり人は見た目で判断しますから、最低限の清潔感、おしゃれは必要。身だしなみにはいつも気をつけていました。

自分が集中できる場所を見つける

空き時間の使い方は人それぞれでしょうが、私の場合は、地下鉄のベンチでよく台本を読んでいました。どういうわけかこれが一番、頭に入って、「この役は絶対、あの子にやらせたい！」というようなひらめきがわいたのです。

当時は、だいたい30分刻みでスケジュールを組んでいました。某テレビ局に30分いて、次のテレビ局へ移動。また30分いて、今度は制作会社へという感じです。それで、移動の合間に少し時間ができると、地下鉄のベンチに座ってその日にもらった台本を一気読みするのです。

会社で読むと電話がかかってきたり、誰かに話しかけられたりして意識が散漫になりますが、ここなら誰にも邪魔されずに集中できる。いったん集中すると気持ちも落ち着き、電車の出入りや構内アナウンス、人々の喧騒なども気にならず、深くのめり込むことができました。

そういう「集中できる場所」を持つか、持たないかはかなり大きいと思います。ビジネスマンなら「考え事をしたいときは、あの喫茶店のあの席」とか、「あそこに行くとなぜかアイデアがわく」という場所がどこかしらあると思います。

私の場合は、アイデアがわくのはシャワーを浴びているときです（笑）。「今度の新人のイメージ路線はこうしよう！」とか、「そうだ、○○のコンサートグッズはあれがいい！」とか、さっきまで見つからなかった答えがポンッと目の前にあらわれる感覚です。私にとっては、頭でわざわざ考えなくても無意識に体が動くような行動を取っていると、アイデアが出やすい状態になるのかもしれません。

また、忙しい毎日が続くとき、一人静かに落ち着ける場所を持っていると、気持ちの切り替えができ、わずかな時間でも心を休息させることができます。私はもう20年以上、週に一度は自宅近くにある九品仏というお寺に行き、お参りしています。

それでなくてもマネージャーという仕事柄、どこまでが仕事か遊びかわからない世界で夜中の2時、3時までいろいろな方とのお付き合いもあり、タレントの動きも考えながら、頭の中は段取りだらけ。しかし、しんとした空気が漂うお寺の境内を歩いていると、そんな雑然とした頭もすっきりし、心が整うのです。

子どもが小さい頃は、コミュニケーションがてらよく一緒に散歩もした思い出の場所です。

会話の「遊び」が人間関係をつくる

いろいろなことに興味を持ち、視野を広げることは昔から好きです。電車に乗っていれば吊り広告に目をやり、週刊誌の派手な見出しを読みながら「ああいう書き方をしたら、読者はどう受け止めるのだろう？」「この会社は、世の中にこういうことを仕掛けようとしているんだな」「これはやらせっぽいぞ」とかね（笑）。

経済誌（『東洋経済』）は毎週欠かさず読んでいました。経済の動きや仕組みがわかると、世の中の今後の動きも予測がつきます。そうすると、違う業界の話もできますし、話題が広がる中で相手の興味のポイントがわかれば、また話が盛り上がります。


基本的には仕事の話で行くのですが、会話全体を10として、全部が仕事の話になるとハンドルでいう「遊び」がなくなり、かえって会話は続かないものです。「雑談なんて意味がないし、する必要もない。時間の無駄だ」と思う人もいるでしょうが、最初はそれほど親しくない関係の場合、相手との距離を縮め、場の空気をつかむのは「目的以外の話」です。

もちろん、相性はあるので、あいさつ以上の会話がまったく進まない、話す隙がないという相手もいるでしょう。しかし、雑談によって相手の考えていることや意外な趣味を知り、仕事以外の情報を交換し合える人が何人かでもいれば、自分にとって「得意な人」になり、お互いの情報が濃くなって、いずれ仕事に活かされることになります。

仕事ができるというのは、そういう「得意な人」を何人持てるか、ということだと思います。

いわゆる「バランスよく誰とでも付き合える人」は、うらやましいと思う反面、全員、うわべだけの付き合いになっている可能性もあります。

だったら、「この人との会話はゼロだけど、あの人とはとことん話せる」という関係性を持ったほうがいい。芸能界は特に「俺が仕切る」という人ばかりですから、最後は「誰を信用するか」が重要なのです。「山田さんとの付き合いがあるから、今度は○○さんをお願いしよう」という関係になれたら、それこそ最高です。

ただし、合わないタレントを無理やり使ってもらうと、相手もこちらも傷つく場合があります。あくまで本当に適した人材なのかを考え、そうでなければ断る勇気も必要です。渡りに船でもらった仕事でお互いに汚点を残せば、それこそ、次にステップアップできなくなりますから。

また、相手に無理をさせないことは、実はとても重要です。付き合いが濃くなればなるほど、仕事面で優遇してもらえるのはありがたいですが、たとえばゴリ押ししたタレントのせいで番組が失敗し、相手が失脚してしまったら、自分が持っている太いパイプが一本減ってしまう危険があります。組織の一員として、また多くのタレントを束ねる立場の人間としては、絶対にやってはいけないことです。

人への思いやりが明暗を分ける

長年この世界で仕事をしていると、仲の良かった制作部のディレクターやプロデューサーが、社内異動で別の部署に移ってしまうこともあります。

テレビ局の制作部といえば、まさに番組づくりの中心部署であり、ディレクターやプロデューサーはテレビ業界の花形といってもいい存在です。そこからたとえばデータ管理など、制作とはかけ離れたセクションに異動ともなると、寂しさとともに強い疎外感に見舞われることもあるでしょう。

私は、どんなに離れた部署だとしても、仲の良かった人に関しては異動先まで訪ねて行き、親交をつないでいました。人と人との付き合いにおいて、相手が寂しい思いをしているときこそ思いやらなければ、それは本当の付き合いとは言えません。

その人は、「自分はもう二度とあの世界に戻れないかもしれない」と不安に思っているかもしれない。そんなとき、自分が行けば相手が喜んでくれるとわかっているのですから、忙しいとか面倒とか思わずに行くのが人への気遣いです。

実際にわざわざ行くことが負担かというと、同じ局内であれば、まったくそんなことはありません。顔を出せば、その人が喜ぶだけでなく、まわりにいる人たちも「前の部署で、外部といい付き合いができていたんだな」と認知してくれます。相手にとってそのことは決してマイナスにはならないでしょう。

私はビジネスであっても、結局のところ、見せかけだけの付き合いで深い話や真剣な話はできないと思っています。利害関係がなくなれば、表面的な関係はすぐに壊れてしまうものです。しかし、相手に自分の時間とエネルギーをかけることで、その関係も変わります。本音を語り合い、ともに協力していいものをつくろうとする同志になれる。そんな相手が困っていたら、助けるのが当たり前です。

その結果として、何年か後に同じ部署に返り咲いたプロデューサーから、「また一緒にやりましょう！」と言われたときは、本当にうれしかったですね。

今、目の前にいる人、目の前の仕事を大事にするのは当たり前。しかし、直接の仕事は途切れても、心の糸はつながったままにしておく。それが私の仕事術と言えるものかもしれません。

第5章 子どもたちの才能を伸ばす

ホリプロ・インプルーブメント・アカデミーを設立

私がホリプロ・インプルーブメント・アカデミー（以下、ＨＩＡ）の校長になったのは、１９９７年です。

ＴＳＣをやっていた頃から、ＴＳＣよりもっと広い意味で発掘の裾野を広げてみたいと思い、「幼児から中学生まで（当時）の子どもたちの情操教育の場をつくりたい」と企画書を書き、取締役会に提案しました。すると、堀ファウンダーが「企画は面白いが、やるんだったら二足のわらじじゃだめだ、専任でやれ」と言うので、私が校長としてスクールを立ち上げることになったのです。

私もこれまで劇団に入っている子を大勢見てきました。どの子もちゃんとあいさつはするし、笑顔もいいし、自己紹介もうまい。ディレクターに言わせると「１００％

安心して任せられる」。ところが、型にはまってしまっているというか、まだ小さな子どもなのに新鮮さやオリジナリティーに欠ける。大人をいい意味で裏切り、150％の表現力を見せてくれる子がいないのです。

だったら、いろいろな教育と組み合わせて、もっと伸び伸び子どもたちを育てられないか、そこから才能を伸ばせないかと考えたのがきっかけです。

それに、今の子どもたちは夢がありません。「大きくなったら何になりたいの？」と聞いても、「別に…」と返ってきます。そういう子に夢を持たせて、その夢を応援したいという思いもありました。

ダンスもヒップホップがあったりタップダンスがあったり。一流の講師に小さい頃から教わるのが一番いいと、プロにしか教えない先生にもお願いすることができました。また、元ＪＡＬのＣＡさんにお願いして、英語と一緒に外国の文化やマナーも教えていました。子どもの才能を見つける一番の近道は、いろいろな出会いの場をつくり、経験させること。元ＣＡさんによる異文化体験もその一つです。

ただし、ＨＩＡをよくあるタレント養成所にするつもりはありませんでした。興味の「興」と教育の「育」をつなげて「興育＝エデュテイメント」という造語にしましたが、エンターテインメントを通じて豊かな人間性をつくる教育（エデュケーション）の場所にしたかった。タレントとしての活躍はその先にあるもので、決してそれが終着点ではありませんでした。

もちろん、ドラマやＣＭのオーディションには積極的に参加させますし、マスコミ出演の後押しもします。しかし、生徒募集に関しては才能・ビジュアル重視ではありませんでした。ここで学びたいという子どもの意志があれば、すべて受け入れました。ＨＩＡはあくまで芸能活動を主体とした「教育機関」にしたいという想いがあったからです。

基本的には、「泳げない子どもでも泳げるようになるまでちゃんと練習させる場所」にしたいと思いました。今、話題の引きこもりとか、コミュニケーション能力がない子どもでも、最低限の自己表現ができるような教育をしたいと。

ただ、中には、オリンピックを目指すような記録を出す子も出てきます。そういう才能のある子は、もちろんＨＩＡやホリプロがマネジメント会社として面倒を見ます。でも、選手育成コースとは違って、ここは水泳を教える場所であり、溺れない力をつける場所。学校の授業で先生にさされたとき、最低でも「私はこう思います」と意見をちゃんと言える素養だけはつけてあげようと、名前にもインプルーブメント（才能を伸ばす）とあるように、『人間養成所』をテーマとして掲げました。

一人一人の個性を見極めて、それを生かす場所を探してあげたい。個性とは、てんでんばらばらに入った生地のシワのようなものです。「洋服のシワをアイロンでのばす（子どもたちの個性を統一する）ようなことはしないでください」と先生方にはお願いしていました。

たとえば、ＨＩＡを出た人が一般企業に就職し、職場の人たちとカラオケに行って、みんなから「いやあ、すごくうまいねえ」と言われたら、それが一つの生きる自信になります。そういうことでもいいんじゃないかという発想です。

ＨＩＡはホリプロの社会還元事業の一環だという思いもあり、生徒の数も上限200人としました。それ以上になると、私の目が届かなくなり、やはり無責任な結果になると思ったからです。顔を見て、この子はこういうキャラクターだなと把握できる数はせいぜい200人くらいです。

しかし、オリンピッククラスの子はどうしても目立ちます。それが目的ではなくても、〝明日のスター〟が生まれてくることはあるのです。

「石原さとみ」はオリンピック選手

HIA5期生の石原さとみは、最初から目が違いました。非常に生き生きとした子で、何度見てもオーラが消えませんでした。今も数々のテレビドラマや映画、舞台で主役を張り、強い輝きを放つさとみ。キリリとした瞳は子役時代から変わりません。

さとみがHIAに入ったのは中学生のときです。あるイベント会社とのコラボレーション企画で、子ども向けに「夏休みの特別体験教室」をやろうとラジオで募集したところ、さとみが応募してきたのがきっかけです。夏休みが終わってそのまま正式に入学しました。

レッスンは何でも楽しそうに受けていましたね。そばで見ていても、生き生きしている。当時、さとみは中学校のテニス部に入っていて、レッスンがある日は、部活が終わって息せき切って駆け込んでくる印象でした。真っ黒に日焼けしているんですが、本当に目がキラキラしていて、笑顔がすばらしく、眉毛も太くてとにかくはつらつとしていましたね。

本人は習い事の一つだったかもしれません。ただ、こちらには「オリンピック選手があらわれた」という意識がありました。割と早い段階でオーディションも受けさせて、ちょこちょこ仕事をしていました。頭の回転もよく、受け答えもしっかりできて、審査員にもインパクトがあったのではないでしょうか。

ＨＩＡとしてはもう少し歌やダンスを学ばせて、いずれはホリプロでデビューさせたい想いがありましたが、15歳になり、自分から「ＴＳＣを受けたい」と言ってきて、

２００２年・第27回ホリプロ・タレント・スカウト・キャラバンの応募者の一人に名を連ねました。

ピュア（何色にも染まることができる。何をやってもピュアに見える）をテーマに、「ＰＵＲＥ　ＧＩＲＬ（ピュアガール）」というタイトルを冠して行われた年で、グランプリを受賞。同名タイトルで行われたのは１９９６年（第21回）で、その年は深田恭子がグランプリを獲りました。

二人とも10代から王道で主役を張ってきましたが、深田は今も「何をやってもピュアに見える女優」として輝きを放ち、さとみは「何色にも染まることができる女優」として存在感を持ち続けています。

それは審査員の目が間違っていなかったということでしょう。

親の愛情を受けた子は人に好かれる

芸能界は、プロになれば甘えの許されない厳しい世界ですが、ＨＩＡの子どもたちは、むしろほめて伸ばすことでその子の成長を促そうと考えていました。

顔のできがどうということでなく、ほめる場所はいくらでもあります。笑った顔がいい、美味しそうな食べ方がいい、やんちゃ坊主な感じがいい、人の話をきちんと聞くのがいい、自分の意見を言えるのがいい、全部ほめる要素です。それは「個性」と置き換えてもいいことです。

これも何度も言っていますが、私はまず目を見ます。ただし、目の形や色という意味ではありません。ポイントは、意志を持った目であるかどうかです。

たとえば、相手の目を見て話ができること。常日頃から、ちゃんと自分の意思を持って努力しているか、しっかり生きているかが目の表情にあらわれます。

目の次に見るのは歯です。ホワイトニングや矯正など以前に、歯磨き習慣がちゃんと身についているかどうか大事なのです。そこに親の愛情と教育姿勢がにじみ出ているからです。

歯がきれいだと、「ちゃんと育てられているんだな」と思います。歯も目と同じように、その場だけで取り繕うことができない部分だと思います。


だからといって、芸能人に向いていない子はいません。全員に可能性があるのです。可能性を分けるのは、大人からの愛情だと思っています。

愛情豊かに伸び伸びと育てられた子どもは、テレビディレクターを唸らせるような「自然な表情」を出すことができる可能性が高いのです。

子役専門の劇団に入っている子どもたちからは100%の笑顔を引き出せます。しかし、いい意味で期待を裏切るような魅力的な表情に出会うことはありません。自然な表情とは個性の一部であり、かけがえのないものだからです。

容姿端麗でなくても、その子らしい喜怒哀楽がはっきり出ていればOKなのです。

芸能界で求められるキャラクターには多くのバリエーションがあり、たとえば、やたら美味しそうにご飯を食べる子どもでもいいわけです。

親が愛情を持ってきちんと育てた子どもは、芸能人には不可欠な「人に好かれる」雰囲気を身にまといやすい利点もあります。

キャラクターが秀逸だった「中尾明慶」

親に愛情を持って育てられ、自然な表情を個性にして人気俳優になったケースもあります。ＨＩＡの卒業生で代表的なのが、中尾明慶です。

石原さとみは何万人に一人の逸材。ホリプロが社運をかけるＴＳＣを受けたいというので挑戦させたら、グランプリを獲りました。しかし、仮に男性版のＴＳＣがあったとしても、明慶は一番にはなれないでしょう。では、どうして人気俳優になれたのか。芝居がちゃんとできることが前提ですが、さまざまな機会が積み重なって今の彼があるのです。

明慶は小学生のときHIAに入ってきました。その頃からとにかく子どもらしい笑顔が可愛くて、人懐っこい子でしたね。明慶の母親も積極的でフレンドリー。いい意味で、この親にしてこの子ありです。うちのスタッフもあの親子が大好きでした。

最初はバラエティー番組、そのあとドラマのオーディションに次々受かり、ホリプロからデビューする前から現場を経験しました。彼がユニークだったのは、自分の出番が終わってほかの子役が帰るなか、一人残っていたことです。よほど現場が好きだったのか、スタッフの手伝いなんかをして、そこで演出家にも可愛がられ、HIA在校中から火がついて、トントントンといい仕事が入ってきました。さとみがTSCのグランプリを獲ってから火がついたのとは真逆のパターンです。

たしか中学1年生のときに「金八先生」が決まって、ドラマを見た監督が木村拓哉さん主演のドラマで木村さんの弟役として彼を指名し、そこからはメジャーな仕事のオファーが絶えませんでした。非常に順調な滑り出しでしたね。「明慶みたいなタイプの子が世に出ることこそ、ＨＩＡの存在意義だ」と思ったものです。

その後も多くのドラマや映画に出演し、現在は、俳優としてだけでなく、声優、ＹｏｕＴｕｂｅｒなどあらゆるエンタメで活躍しており、マルチぶりを発揮しています。今もきっと多くの現場で可愛がられていると思います。

オーディションは運次第

もちろんオーディションは特別な子だけが受けるわけではありません。ＨＩＡにくるのは台本だったり、コンセプト（年齢・性別・容姿・タイプ）だけだったり、いろいろですが、「この子とこの子だったら、コンセプトに合うかもしれない」「この役、あの子ならできるかもしれない」とこちらで判断し、まずは親御さんに確認をします。

親御さんなり、おじいちゃん、おばあちゃんなり、親戚なり、子役の場合は誰か保護者がついていかないとオーディションを受けられません。ですからスケジュールを確保した上でオーディション選考用の宣材を用意し、クライアントに推薦するのです。

選ぶ際もできるだけ公平に。ＨＩＡはあくまでスクールであってプロダクションではありません。思い出づくりも含めて、一人でも多くの子どもに「芸能界のお仕事経験」をしてもらう配慮をしていました。

ただし、宣材を送った全員がオーディションを受けられることもあれば、「この子だけお願いします」と指定されることもある。それは向こうの判断によりますので、私たちが推薦したからすぐに仕事が決まるということではありません。

また、その子がコンセプトに合うかどうかは向こうの問題ですから、たとえオーディションに落ち続けたとしても、その子が悪いわけではなく、自信をなくすことはありません。「落ちた子どもを否定するようなことは絶対に避けてください」と親御さんにはいつもお願いしていました。

ほかの子より目立とうとして、変に出しゃばったり、大人に媚を売るような子どもになる必要はないのです。「おはようございます」のあいさつから始まる自己表現がきちんとできること、自分らしく素直であることを重要視していました。

子どもは未来からの預かりもの

自分の子どももそうですが、「子どもは未来からの預かりものだ」というのが私の考えです。

みんながタレントになれなくても、少なくとも「夢を見られる」子どもに育ててあげたいというのが私の願いで、まわりの子を見たり、自分と比べたりしながら、自分の夢を設定できるようになればいいと思い、スクールは中学3年生を期限としました。

その先は、ホリプロまたは別のプロダクションに行って本格的に芸能界デビューするか、高校生からは違う目標や夢を探すかという選択肢にしたほうがいい。夢は夢として、ズルズル引きずるより、中3ぐらいで一度区切ったほうが親切だろうと思ってのことです。

それぐらいの年になれば、「自分は芸能界でやっていける」とか、「あの子は女優になれるだろうけど、私にはできないな」とか、自分でも客観的に見られるようになるはずです。

実際のところ、HIAからホリプロに進んだのはほんの一握り。石原さとみ、中尾明慶、あびる優、前田公輝のほかに数人しかいません。HIAに入ってきた子どもの数を考えると、数百分の1の確率です。

今は芸能界にいませんが、私にとって、とても思い出深い少年がいます。7歳のとき、NHKの朝ドラ『私の青空』で主演の田畑智子さんの息子・太陽役で出演していた篠田拓馬です。非常に頭がよく、役者としての才能もある子でした。朝ドラでの演技が認められ、NHKで可愛がられてたくさんのオファーをもらうようになり、一躍、売れっ子子役の一人に名を連ねることになったのです。

しかし、家庭の事情などもあり、HIA卒業（中学3年生）と同時にこの仕事をやめてしまいました。今はどんな仕事をしているかわかりませんが、「宇宙飛行士になる」という夢を持っていましたから、その夢に一歩でも近づけていたらいいなと思います。

彼のほかにも、小さい頃に入ってきて子役で活躍し、中学3年生までいた子たちのことは、「今頃どうしているのかな」と今もときどき思い出します。

私がHIAの校長を辞める少し前、卒業生の一人が自分の子ども、まだ3、4歳のお子さんを連れてきて、「うちの子をお願いしたい」と訪ねてきてくれたときはうれしかったですね。彼女自身は女優になったわけではありませんが、このスクールでの体験が自分にとっていい思い出だったことは間違いありません。最初は自分も母親に連れられてここへきて、いろいろな経験をし、やがて大きくなって結婚し、子どもができ、今度は自分が子どもを連れてくる…そうやって次世代へつながっていくことは、HIAにとっても幸せな在り方ではないかと思います。

HIAである時期を過ごし、一般企業に就職して、宴会で盛り上げ役を引き受けたり、イベントで歌やタップダンスを披露したりして、人気者になった子もいるでしょう。実社会でそうした「タレント性」が向上することもあります。人間は、そういうアピールの仕方もありますから、何かしらの役に立ってくれればそれでいいのです。HIAで習ったことが自信につながり、自分にしかできない仕事のやり方を発見できるかもしれないし、そうなれば仕事を通して大きく成長することもできるでしょう。社会で揉まれて「いい顔」を身につけてほしいと思います。

彼らは、スターになるという夢は実現しなかったかもしれない。けれども、ほかの人とは違う輝きを持って充実した日々を送ることができれば、ここで過ごした意味はあったのだと思います。

SHIGETOSHI YAMADA　NAHO TODA

山田滋敏×戸田菜穂

1990年、私が初めて実行委員長を務めた「ホリプロタレントスカウトキャラバン」でグランプリを獲得した戸田菜穂さんとは、家族ぐるみのお付き合いが長く続いています。出会った当時から変わらぬ上品さと知的な佇まいで女優として着実にキャリアを積み重ね、今は二児の母でもある彼女と、この30年間をあらためて振り返りました。

戸田菜穂（とだ・なほ）1974年生まれ、広島県出身。1990年、第15回ホリプロタレントスカウトキャラバンでグランプリを受賞しデビュー。93年放送のNHK連続テレビ小説『ええにょぼ』で主演を務め、以降、テレビ・映画などで活躍。近年の主な出演作に、ドラマ『西郷どん』『高嶺の花』（ともに2018年）、映画『ラスト・プリンセス大韓帝国最後の皇女』（17年）、『思い、思われ、ふり、ふられ』（20年）、公開待機作に「高津川」「吟ずる者たち」（21年公開予定）がある。

NAHO TODA

特別対談　戸田菜穂

私の本命は、初めから菜穂だった

山田　広島の予選で初めて菜穂を見たとき、「この子が決選大会まで出てくれれば、今回のホリプロタレントスカウトキャラバン（以下、TSC）は成功する」と確信したのを覚えているよ。当時は高校2年生だっけ？

戸田　はい、母の影響で小さい頃からドラマをよく見ていて、漠然と「女優さんって面白そう」と思ってはいたものの、内向的な性格でしたし、それを口に出すことはありませんでした。ところが高校2年生になり、進路相談で自分の将来について初めて考えたとき、「もうちょっと大きな世界が見てみたい」という強い気持ちがわいてきて。たまたま本屋さんで手に取った『De☆View』という雑誌にTSCの記事を見つけ、〝今回は女優を募集〟とあったので思い切って受けてみたんです。

山田　TSCはそれまでずっとアイドル路線だったのを、私が実行委員長になった年、初めて女優を獲ろうと『大物発掘』というタイトルを掲げることになったんだけど、アイドルだったらおそらく応募しなかったよね？

戸田　アイドルなんてキャラじゃないです（笑）。もともと渋好みで、全然きゃぴきゃぴしていなかったし。でも、まさか自分が広島地区代表になるとは思っていませんでした。そのあと、あれよあれよという感じで進んでいって、山田さんが何度もうちに電話をくださって、母とやりとりしていましたよね。

山田　実際のところ、書類選考だけでは自分の持っているイメージに合うかどうかわからないし、会ってみてイメージにはぴったり合っても、その子が何らかの事情で辞退してしまう可能性もある。要は本人の意思だけではなく、そのときの環境にも左右されると思うんだ。ただ、菜穂にはどうしても決選大会に出てほしいと思ったから、全国をまわりながら、ホテルに戻るとお母さんに電話をかけて、「もしグランプリを獲ったら、芸能界を進路として考えていただけますか?」というようなお話をしたんだよ。今だから言うけど、「この子はいいな」と思った子が菜穂のほかに2人いたよ。鈴木京香さんのように古風な美人タイプの東北代表の子と、九州代表のコケティシュなアイドルっぽい子。自分の中では本命は菜穂、でも、あとの2人も違う形で売れる可能性が十分あると思っていたから、この3人だと。ところが、東北の子はお父さんに反対されて途中で降りてしまったんだよね。

戸田 そうだったんですね。九州の方のことは、覚えてます。

山田 菜穂の実家もおじいさん、お父さんがお医者さんで、広島じゃ名門の家柄でしょう。「決選大会は大丈夫ですね?」って念押ししたあとも、「やっぱりもう一度考えたい」みたいな話がお母さんからあって、かなりひやひやしたね(笑)。

戸田 親戚がみんな来て、「そういう世界には誰も身内がいないし、大丈夫なの?」とは言われました。

山田 私のときでさえ、芸能プロダクションに就職すると言ったら、「せっかく大学まで出してやったのに、なんでそんなわけのわからない世界に行くんだ?」と親に言われたからなあ。

戸田　私は絶対にやりたいと思っていて、グランプリになったあとは、「どうやって大人たちを説き伏せようか」といろいろ考えました。自分の思いをたくさん話す中で、明治生まれの祖父にも「大学まではちゃんと卒業するからやらせてください！」と言って、最後は理解してもらいました。

山田　グランプリを獲ったときのことは覚えてる？

戸田　もちろんです。審査員のお一人に千葉真一さんがいらっしゃって、いよいよ発表というとき、うしろで控えていると、千葉さんがそっと私のところにいらして、「いつか共演しようね」とおっしゃったので、「あれ？　もしかしたら…」とは思いました。そうしたら名前を呼ばれて、うれしかったです。千葉さんとはまだ一度も共演させていただいたことはないんですけどね（笑）。それはともかく、ＴＳＣでグランプリをもらった瞬間に、自分の見える世界がガラッと変わった気がしました。

菜穂には菜穂の泣き方がある

山田 高校生でデビューして、すぐの頃は仕事があれば広島から飛行機で現場に行くという生活だったたね。1991年の『五月の風 ひとりひとりの二人』が最初だっけ？

戸田 よく覚えていらっしゃいますね。（鈴木）保奈美さんが主演で、私は喫茶店のウエイトレスの役でした。

山田 あれはデビューというより、いよいよ女優として活動を始めますっていう顔見せみたいなものだった。日本テレビのドラマで、たしか日テレの広報の人たちがかなり力を入れてスポーツ紙だなんだってお披露目していただいて。

戸田 本当に3シーンぐらいしか出ていない役なのに、たくさん取材をしてくださって、ありがたかったです。保奈美さんにも「初めまして」ってごあいさつをして。「東京ラブストーリー」をずっと見ていたので、「わあ、本物だ！ 細くて綺麗！」と思った記憶があります。建物が半分に割れたような喫茶店のセットにも驚きましたし、グランプリを受賞して、高2の春休みに少しレッスンを受けたぐらいで演技もしたことがなかったので、わからないことだらけ。自分の台詞が終わって突っ立っていたら、あとで音声さんに「カットがかかるまで演技してろ！」って怒られて。ずぶの素人がポンッと入ったので、もうすべてがびっくりでしたね。

山田　でも、2作目の『葡萄が目にしみる』で主演が決まって。「五月の風」を見たフジテレビのプロデューサーが「この子は」と思ってくれたんだと思う。

戸田　ちょうどイメージが合ったんでしょうね、素朴な感じとか。私自身、主人公と同じ、リアルな田舎の女子校生だったから。でも、私、あのお仕事は山田さんが売り込んでくださったと思っていました（笑）。

山田　実生活を描くのがドラマだから、そこにいると思えない人はまずキャスティングされないからね。まだ演技力があったわけでもなく、いきなり主役に付けてもらったのはラッキーだったよね。

戸田　そういう意味では、『葡萄が目にしみる』の現場ですごく鍛えられました。1

カ月ほど山梨県で撮影があったんですけど、通常ではありえないぐらいリハーサルも長くやってくださって、女優としてのイロハをそこで教わったというか、ありがたい時間でした。私は葡萄農家の娘の役で、葡萄畑を見ると今でも郷愁を誘うんです。原作者の林真理子さんにも結婚式に来ていただきましたし。結婚相手も山梨の人で、何かご縁があったのだと思います。

山田 やっぱり現場で鍛えられるのが一番なんだと思う。芝居は「こうやって泣きなさい」「こうやって笑いなさい」と言われて覚えるものじゃないしね。実際に演技をしてみて、自分の中からわき上がってくる感情を表現できればそれでいい。菜穂には菜穂の泣き方があるというのが私の考えだから。でも、菜穂と相手役の萩原聖人くんがちゃんとしないとでき上がらないドラマで、要求にしっかり応えたんだよな。

戸田 今でも「あのドラマが好きだった」と言ってくださる方が多くて、みなさんの心に残るドラマに出演できてうれしかったですし、私にとってもすごく思い出深い作品になりました。

女優業が忙しくても大学を辞めなくてよかった

山田　その一年後にはＮＨＫの連続テレビ小説『ええにょぼ』のヒロインが決まって、私も本当にうれしかった。

戸田　何回かオーディションをして、電話で合格の知らせを受けたときは、私も飛び上がるぐらいうれしくて、雲の上を歩いているようなふわふわした気分でした。駅のホームからの風景もいつもと違って見えたほどです。家族以外、公言してはいけないと言われていたので、「今はここにいる誰も私のことを知らないかもしれないけど、来年から朝の顔になるんだよ！」って心の中で叫んでいました（笑）。ＮＨＫの朝ドラに出ることで祖父母も喜んでくれるだろうし、反対していた親戚たちにも認めてもらえるかなと。今はみんな応援してくれていますけど。

山田　ＮＨＫの朝ドラは全国津々浦々、映らないところがないからね。同じＮＨＫの紅白も、出場が決まることで歌い手としてのポジションをつかめるというけど、数で言えば朝ドラの主役は年に2人しかいないんだから大変名誉なこと。これは大阪で、8カ月間、向こうに行きっぱなしだったね。

戸田　大学1年生のときで、ちょうど年度をまたいで撮影したので2年間休学しました。ずっと大阪城の近くのホテルに泊まって。そこでもずいぶん鍛えていただきました。

山田　それにしても、最初にいい仕事に出合ってるんだよね。女優として成長しなきゃいけないときに。

戸田　そうなんです。全部、山田さんにレールを敷いていただいて。

山田　いやいや、それは持っているものがあってチャンスが巡ってくるわけだから。

戸田　すごく覚えているのは、ヒロインが決まったとき、草笛（光子）さんにお話を聞きに伺ったことです。まだ新人で、何を言ってもわからない私に、「ヒロインはとにかく、朝、体操して、スタジオに着いたらすぐにでも撮影できるように自分を整えて。あとは明るく、みんなに好かれればいいのよ！」って、背中を押していただきました。先日、NHKで偶然お会いしたら抱きしめてくださって、「いつも見てるわよ。いい女優さんになったわね！」って。その時は本当にうれしかったです。演技に関しては教えられるものでもないし、それは自分でつかみ取りなさいという感じでしたが、主役の気構えは教えてくださったと思っています。私が今、若い後輩を見ていても、明るく、あいさつをきちんとする俳優さんが、やっぱり一番気持ちがいいです。目を見て「おはようございます！」「明日もよろしくお願いします！」と言われると、可愛いなって思います。

山田　それにしても、女優業がどんなに忙しくても大学を辞めなかったのはよかったね。大学に行くのは私も大賛成で、自分の好きな授業があれば、それだけでもいいから学校に行きなさいと言うタイプだったから。

戸田　私は本当に未熟な、ぼんやりした高校生だったから、このままじゃ何もできやしないと思って。大学で何を学べるかはわからなかったけど、学問でも自分を高めなければ何も対応できないと思ったし、もっと本も読んで、いろんな人とも会って、少しでも人生経験を積みたかったんです。デビューした頃から自分は遅咲きだと思っていたので、内面を豊かにして、息の長い女優さんになれればいいなあって。ところが、当時の現場のマネージャーさんがとてもやる気に満ちていて、「今に保奈美さんのような売れっ子になるよ」って。

山田　そうなの？

戸田　私はゆっくり成長していきたかったし、学校に行って勉強もしたいから、「ちょっと待ってください、そんなにせっつかないで」みたいな感じがあって、一度、山田さんに「助けてください」と言ったことがあります。

山田　ああ（笑）。菜穂は普段、「私が、私が」と前に出るタイプじゃないけど、いざというときは言いたいことを飲み込まないのが〝らしさ〟だよね。

戸田　でも、おかげでわがままを通させてもらって、撮影の合間に試験を受けに行くとか、大変な時期もありましたが、6年かかっても卒業できてよかったです。それこそデビューしたときは、ちょっと文学かぶれの少女でした。「キラキラ輝く星ではなく、柔らかい光を放つ月のような女優になりたい」ってインタビューで言った記憶があります（笑）。

山田　今、まさにそういう立ち位置にいる気がするね。恋愛ものから時代劇まで、幅広くいい役をもらっているし。40代になって本当にいい女優になったと思う。

戸田 ありがとうございます。自分で言うのも変ですけど、思い描いていた通りになっているなあとは思います。

今は亡き巨匠たちに怒られたことは宝物です

戸田 そういえば、私、山田さんには一度も怒られたことがないですよね。すごく私のことを信用してくださって、大きな心で包んでいただいていたので、私も安心してがんばれたというか。はっきりと言葉にしなくても、ずっと私の味方でいてくださるのを感じていたから、私も山田さんの気持ちに応えたいなと思っていました。

山田 それはどうしてもね、自分が実行委員長をやったときにグランプリを受賞した子だから、大事に育てたいし、伸び伸び育ってほしい。ほかのタレントに思いがないということではないけど、その思いが強かったのはたしかだね。それに、菜穂にいい役が付けば私も同じうれしい思いをするわけだから、それで十分だった。「こういう仕事があるけど、どう？ 俺はこれがいいと思うけど」とか、菜穂とも相談しながら2年後ぐらいまで先を読みながら仕事を決めていたかな。

戸田 朝ドラのあとに、初めての映画で相米（慎二）監督にも出会わせていただいたし、私が一番やりたかった向田邦子シリーズに21、22歳で出させていただいて、「こんなにすぐ夢が叶っちゃっていいの？」って思っていました。もともと昭和初期のあの世界が大好きだったから、夢のようでした。かなり厳しい監督ばかりでしたけど、もっとも怖いと言われていた相米組の一員になれたことも、ありがたかったです。今はそこまで、厳しい方がいらっしゃらないので、あの頃、怒られたことは私にとって財産だなと思います。

山田 （向田邦子シリーズの演出家）久世光彦さんも厳しかったね。

戸田 もう全然できないから怒鳴られて、いつも私が集中砲火を浴びてました（笑）。それでも期待してくださって怒っていらっしゃるのはわかっていたので、できない自分に悔しくて、スタジオのすみっこで泣いたりはしていたんですけど。あの頃はリハーサルもしっかりやっていて、そこで教えてもらったことをノートに書いていました。私が立っているときにふらふらするので、相米監督から「足の親指に力を入れて立て！」と言われたことも書いてあって、今でもたまに読み返すと、そういえばそんなことをおっしゃっていたなって、今は亡き巨匠たちの言葉を思い出しますね。

山田　あえて厳しい人の下で修業させようと狙ったわけではないけどね。

戸田　でも、初めての映画は相米監督がいいと思われたんですよね？

山田　相米さんの初監督作品『翔んだカップル』は、鶴見辰吾の映画初主演作でもあるから、相米さんとは仲がいいんだよ。それこそうちで笑いながらメシ食って。

戸田　そうなんですか？　私、怖い相米監督しか知らないから、ニコニコ笑ってる姿がよくわからない（笑）。

山田　まあ、でも、それだけでは役は付かないよね。だって、作品は監督の命でもあるわけだから、自分の作品に合う女優がほかにいれば間違いなくそっちをセレクトするよ。

戸田　情だけではないというのはわかります。あの作品、『夏の庭』では、三國連太郎さんと淡島千景さんの孫の役だったんです。本当にありがたい作品で、今となってはお二人とも他界されて共演もできないですし、もっといろいろお話を聞けばよかったなと思います。演技的なお話ではないですが、三國さんとは少しだけ、「この撮影のあと、フランスに旅行に行くんです」という話をしたら、「僕もフランスのこのホテルに泊まるんだよ」って話してくださって。とてもいい思い出です。

一回だけ酔っぱらって聞いたことがありますよね？

戸田 山田さんにはたくさんの挑戦の扉を用意していただきましたが、私をマネジメントしてくださったのは7、8年間でしたよね。早くに山田さんと離されてしまって寂しかったです。

山田 マネジメントの部門からコマーシャルや番組制作をやっている部署に移って、それから子どもたちを育てる『ホリプロ・インプルーブメント・アカデミー』を立ち上げたからね。でも、私が違うセクションにいても、ホリプロに来たときには、必ず顔を出してくれたね。

戸田　山田さんのお宅にも何度も呼んでいただきましたよね。奥さまがとてもお料理上手で、お腹いっぱいご馳走していただいて。初めてご自宅に行ったとき、まず「これに着替える？」ってスウェットの上下を出されて（笑）。「リラックスしてね」といつも言ってくださいました。

山田　それは和田アキ子流なんだよね（笑）。アッコさんの家に行くと、必ず「これに着替えて」ってパジャマみたいなのを渡されて、「そうじゃないとリラックスできないから！」って。それがね、すごいおもてなしだなと思ったからうちでもやろうと。だって、女性はスカートだとどうしてもシワとか気になっちゃうでしょう？

戸田　広島から出てきたばかりで、そのお心遣いがとてもありがたかったです。何度もお宅に伺っているので、山田さんのお子さんたちが大きくなっていく姿も見させてもらって。今ではお孫さんも生まれて！

山田　そう考えると、ちょっとした歴史だよね。私のほうこそ、広島に行ったとき、

戸田　ご両親にご馳走になって。

山田　デビューする前に常務と広島まで来ていただいて、「ホリプロとして正式にお預かりします」と言っていただいて、うれしかったと両親も言っていました。

戸田　大事なお子さんをお預かりするんだから、それは当然のことだよ。

山田　母がとにかく「山田さんなら」ということで信頼していたので、私も信頼して、大船に乗ったつもりでいました。

戸田　それから30年だよね。

山田　早いもので、２０２１年で30周年になります。私の中では、ホリプロはとても家庭的であったかい会社です。仕事だけ順調ならいいというわけじゃなく、女としても幸せであってほしいと思ってくれる…結婚式にも山田さんをはじめ、ホリプロの方たちが来てくださってうれしかったですし、私の人生を全部、見てくださっている感じがします。すごくやさしい、情のある会社だなと思っています。

戸田　山田さんには担当が変わっても食事に誘っていただいて。そういえば、私、一回だけ酔っぱらって聞いたことがありますよね？「ＴＳＣで、何で私を選んだんですか?」って。そのとき「自分の好みだったたってことだよ」とおっしゃって、「うれしい!」って言ったのを覚えてます。

山田　それはもう、マネジメントする側としては、自分の好みの子が世の中に通用するのか試したいって、それしかないよ。そうじゃないと力も入らないしね。

戸田　それはこちらも同じです。自分のファンでいてくれるというか、本当に私に興味を持って見てくださっているか、そうでないかはよくわかるので。自分に愛情を注いでくださる相手との信頼関係は、自然に生まれるものだと思います。

撮影現場は私たちにとって戦場のような場所

戸田　撮影現場は私たちにとって戦場のような場所。でも、どんなに厳しい監督の現場に行っても、バックに自分の味方がいれば、一人ぼっちじゃないからがんばれる。ある意味、ボクサーと一緒じゃないでしょうか。ゴングが鳴ったらコーナーから出て行って、打たれても、打たれても前に出て。それぐらい私たち

NAHO TODA

闘ってるんですよね。外から見ると優雅に見えるかもしれないけど、かなり体育会系な仕事だと思います。

山田 にされてもタオルを投げられないけどね。

戸田 実際はボクシングのセコンドと違って、試合が終わるまではどんなにボコボコたしかに自分との戦いというか、これは難しい役だなというとき、自分なりに乗り越えられたと思えば「ああ、よかった」と思うし、「ちょっと太刀打ちできない」と思うこともありましたし。若い頃は特に「全然ダメだ!」と言われて、正直へこむこともありました。でも、どこかで「今に見てろ」と思ってましたね。「今はできないけど、いつか絶対できるようになってみせる!」って(笑)。

山田 女優業は精神的に強くないとできないね。それと健康でないと。

戸田 はい、朝も4時起きなんてしょっちゅうありますし、夜中まで撮影が続いても疲れた顔は見せられないし。でも、徹底的に打ちのめされたとしても挑戦しようと思えるのは、山田さんみたいな人が守ってくださるから。だから飛び込めるというのは絶対あります。山田さんは一週間に一度くらいしか現場にいらっしゃらなかったけど、それでも姿が見えるだけで安心感がありました。

山田　それにしても、これだけ厳しい世界に身を置きながらいい意味で年を重ねてきたと思うよ。今はお子さんが二人いて、家庭も守って、でも、現場では生活感は一切出さず、自分で自分を磨いて光らせているのがいいなと思う。性格的にもさっぱりして、案外、男っぽいところもあるから、役で悩んだとしても、終わってしまえば引きずらないタイプだよね。

戸田　あんまり悩んでもしょうがない、それよりいい風に吹かれていたいと思うんです。高倉健さんみたいですけど(笑)。そのために現場に行くし、いただいた役に対して積極的でもありたいですし。10代の頃、本当に何も持っていないから大学に行こうと思ったのと一緒で、自分を磨き続けなければ何も出てこないというか。だから女優業ってやりがいもあるんです。自分の変化とともに役の捉え方も変わってくるように感じています。

山田　和の稽古もよくやっていたよね。俳句は今もやってるの?

戸田　俳句だけは長くやってます。独身の頃は三味線や小唄、日舞もかじりました。和のお稽古事はもともと好きでしたし、時代劇もそういう所作を勉強している人としていない人は全然違うと言われていたので。

第15回ホリプロタレントスカウトキャラバングランプリ：戸田菜穂

山田 和と洋、両方できる女優さんはなかなかいないから、そのセンスを生かしてこの先も輝き続けてほしいし、今の年齢ならではの表現をしていってほしい。できればさっき話に出てきた草笛光子さんみたいな、上品で、落ち着いて、グレーヘアでも美しい女優さんとして残ってほしいな。

戸田 うれしいです。私も一生この仕事を続けたいと願っているので、そうなれるように自分を磨いていきたいと思います。これからもずっと見守っていてくださいね！

おわりに

「新人とベテラン、マネージャーとしてやりがいがあるのはどちらですか？」と聞かれたら、私は今も迷わず「新人」と答えるでしょう。

よく言われることですが、新人はダイヤモンドの原石であり、劇的に変化する可能性を秘めています。そして、「この子はきっとスターになる」という子を見つけて育て上げ、跳ねていく様を見て、自分の喜びにする。それをやりたくて、この世界にいたのです。

ホリプロを辞めた今でも、常に「可愛い子がいないか」探している自分がいます。これまで各方面につくった人脈は今も生きていて、この人たちとの縁をなくすのはもったいない。たとえば、出版社のキーマンで、「この人を捕まえておけば、グラビアはお願いできる」とか、ＮＨＫの朝ドラのチーフプロデューサーと親しいとか、未来のスターに手を差し伸べてくれる可能性のある人がまわりにいるだけに、どこかで金の卵を見つけたら、「もう一回勝負したい」という想いは持っています。

最近も、たまたまニュースで見た、避難所にいた中学生くらいの女の子に目が釘付けになり、地方局にわざわざ問い合わせしたことがあります。災害のニュースを見て問い合わせるなど、不謹慎きわまりないと思われるでしょうが、スカウトマンとはそういうものの見方をする種類の人間なのです。どんな状況でも光っている子を見つけたら全力でリサーチし、どんなコネを使ってでも追いかける。

高校野球の甲子園大会でも、ついスタンドで応援している女子校生に目が行ってしまいます。学校がわかっているので、部下に「校門の前で張れ!」と言ったこともあります(笑)。可愛い子を見つけると、売るための仕掛けまで浮かびます。飲料メーカーに企画を持ち込んで、CMで自校を応援している彼女をドキュメンタリー風に流したら、火がつくんじゃないか…などと一瞬のうちに頭の中で映像が流れるのです。

それでも今は、個人情報への配慮から、リサーチすること自体、難しくなりました。今をときめく女優・広瀬すずさんの事務所の女性社長は、地方ロケには必ず同行するそうです。売れっ子のタレントを連れているのですから、信用度は抜群。それで、自分のタレントの演技ではなく、ロケを見学しに集まった人たちのほうを向いて、可愛い子がいないかチェックするのだそうです。

リサーチが難しいなら、自分から出かけて行ってスカウトする。そういう情熱を持った人が、やはりいい子を捕まえてきます。そこで声をかけて、「広瀬すずの事務所の社長です」と言えば、余計な説明は要りません。

あとは、TSCのようにオーディションを受けにきた子をしっかり見る。自分のお子さんを将来、芸能界に入れたいと思ったら、そうした一般公募のオーディションや発表会などの機会をたくさん与えてあげるといいでしょうね。

どんなに幼くても、人は周囲の視線を浴びれば浴びるほど垢ぬけていくものです。見られているという意識が人を磨く。私も明日のスターを誕生させるために、微力ながら役に立ちたい。これからもスターの発掘には関わっていくつもりです。

著者紹介

山田 滋敏（やまだ・しげとし）

1950年生まれ、福井県出身。明治大学法学部卒業後、75年ホリプロ入社。営業、制作、ドラマ事業、プロダクション本部、メディア事業本部などを経て、97年、子どものパーソナリティを最大限に引き出す『ホリプロ・インプルーブメント・アカデミー』を開校し、校長に。石原さとみ、中尾明慶などを輩出。2002年、総合エンターティナー育成を目指し、『ホリプロ笑売塾』を開校。1期生のザ・たっちなど活躍する芸人が着実に増えている。2018年、㈱ホリプロ・インプルーブメント・アソシエーション代表取締役社長を退任後も、マネジメント、プロモーションの分野で活躍中。

タレントを生かすも殺すもマネージャー次第！

人を生かすマネジメント

2021年4月1日　第1刷発行

著　者　山田滋敏
発行人　田中朋博

発行所　株式会社ザメディアジョン
〒733-0011
広島県広島市西区横川町2-5-15
TEL 082-503-5035　FAX 082-503-5036
ホームページ http://www.mediasion.co.jp

装丁・本文デザイン　村田洋子
企　画　奈良昌彦
協　力　株式会社ホリプロ
校正・校閲　菊澤昇吾

印刷・製本　株式会社シナノパブリッシングプレス

ISBN978-4-86250-702-0